平凡社新書
753

学校と暴力

いじめ・体罰問題の本質

今津孝次郎
IMAZU KOJIRO

HEIBONSHA

学校と暴力●目次

はじめに――なぜ「学校と暴力」なのか……10
いじめと体罰はセットで語られる
◉【事案1】大津市中学校いじめ事件（二〇一一年）……13
◉【事案2】大阪市高校運動部員体罰事件（二〇一二年）……14
いじめ・体罰問題への「まなざし」／信頼関係を築くために

I いじめ問題を見直す……27

1 子どものいじめがなぜ深刻な「社会問題」になるのか……28
いじめ問題への関心／イギリスでいじめ問題を考える
（1）「いじめ」ということば／（2）世界でのいじめ問題の発生
（3）いじめ加害者の攻撃性／（4）いじめ防止基本方針の文書化
（5）人間性を洞察する必要性

2 日本でのいじめ「社会問題」化……40

いじめ「社会問題」化の始まり
◉【事案3】埼玉県中学校いじめ事件（一九七九年）…………40
いじめ件数調査の諸特徴
いじめ「社会問題」の〈四つの波〉
〈第一の波　一九八〇年代半ば〉――いじめの本格的な社会問題化
◉【事案4】東京都中学校「葬式ごっこ」いじめ事件　（一九八六年）…………47
〈第二の波　一九九〇年代半ば〉――いじめの刑事犯罪化
◉【事案5】愛知県中学校いじめ事件（一九九四年）…………50
〈第三の波　二〇〇〇年代半ば〉――学校と教育委員会の隠蔽体質への批判
（1）いじめ件数データ／（2）いじめ件数の調査基準／（3）学校の隠蔽体質／（4）懲戒措置
〈第四の波　二〇一〇年代初頭〉――「いじめ防止対策推進法」の制定
「事件対処型」発想を変えよう！

3　いじめの仕組みはどうなっているか…………64
青年前期の基本的特徴／現代の青年前期の特徴／いじめが暴力化する環境変化

4 いじめ問題の捉え方と克服法……79
いじめ問題の混乱の原因／いじめの定義／学校の危機管理といじめ裁判
（1）学校組織と「危機管理」／（2）関係諸機関との連携
（3）保護者との連携／（4）いじめ裁判
いじめ問題の克服と学級・学校づくり

Ⅱ 体罰問題を見直す……103

1 体罰がなぜ深刻な「社会問題」になるのか……104
世界の「学校と体罰」から見る日本の特徴
許される「懲戒」と許されない「体罰」の違いとは／体罰の否定論と、根強い肯定論
◉【事案6】東海地域中学校体罰事件経過（一九九六年）……114

2 体罰問題の捉え方は変化しているか……118
「評価の時代」の体罰の意味

◉【事案7】関東地域中学校運動部員体罰事件（一九八四年）……………120
「愛の鞭」を再考する
（1）「しつけ」／（2）「愛の鞭」
体罰と懲戒を区別する
◉【事案8】最高裁「小学生体罰」判例（二〇〇二年）……………127

3 体罰の仕組みはどうなっているか……………134

「権力」関係と「権威」関係／大人の「支配欲」が子どもに向けられる
大人の「自己愛」／人間の本性に潜む攻撃性

4 体罰問題をどう克服するか……………146

「体罰」に代えて「懲戒」を使おう
懲戒のガイドラインをオープンに決める／冷静に叱り、感情的に誉める
（1）「冷静に」と「感情的に」について／（2）「誉める」ことについて
「追いつめる叱責」と「育てる叱責」
◉【事案9】九州地域中学生「指導死」事件（二〇〇四年）……………160
（1）指導・叱責方法／（2）友達の名前を聞き出したこと

「叱責」ということば

Ⅲ 「学校と暴力」を考える……169

1 安全なはずの学校でなぜ暴力が生じるのか……170

校内暴力問題に向き合う
◉【事案10】三重県中学校校内暴力事件(一九八〇年)……171
(1)校内暴力の時代背景/(2)校内暴力からの学校再生
人間の攻撃性/「良性」「悪性」の攻撃性と青年前期
攻撃性の「良性」から「悪性」への転化が暴力につながる

2 暴力を誘発する学校・誘発しない学校……188

学校文化に潜む暴力性
(1)隠蔽/(2)攻撃性/(3)暴力
学校組織文化・教員ストレス・協働性/学校組織文化と暴力の抑制

◉【事案11】中学校校内暴力克服過程……………201

3 いじめ・体罰問題を克服して暴力を防止するには………205

「安全・安心」の仕組み
(1)四局面/(2)「安全・安心」のサイクルと学校危機
「学校安全」を目指す学校危機管理/エンパワーメントと学校づくり
(1) 主観と客観/(2) 感性/(3) エンパワーメント/(4) 学校評価

おわりに……………227

注と文献……………232

はじめに——なぜ「学校と暴力」なのか

一九八〇年代から大きな社会問題となってきた学校でのいじめと体罰を改めて取り上げて、「学校組織の奥深くに潜む暴力」という新たな視点から総合的に検討し直し、その問題解決の筋道を探ること、これが本書の主題である。

とはいえ、学校と暴力などと言えば咄嗟《とっさ》に反発が返ってくるに違いない。学校は暴力を否定し、子どもたちが和やかに学び、健やかに成長する場であって、暴力とは無縁である、と。もちろん、理想はその通りである。しかし現実の学校はいじめや体罰、学級崩壊、あるいは校内暴力、非行に見られるように、暴力もしくは暴力に近い現象をしばしば伴う。

はたして、それらは平和であるはずの学校で外部からもたらされる何らかの要因によって生じる例外的ケースということで、その要因を除去すれば解決するのだろうか。そうではなくて、学校組織には常に暴力の根が隠れていて、毎日の教育実践によってその根から病んだ芽が出てこないように抑止できているのが学校の現実の姿であって、少しでも手を抜くと暴力の芽がたちどころに伸びていくという仕組みではないのか。学校の理想の姿を追求するあまり、そうした潜在的な奥深い実態に気づかないか、あるいは気づいていてもあえて目を向けないできたのではないか。私はこの三〇年余りの間、いじめと体罰の問題を自分なりに追い、両問題がいつまでたってもなぜ解決しないのかと感じるうちに、そうした疑問を抱くようになった。

ときたまではあるが、いじめと体罰がエスカレートして暴力に至ることがある。そうなると刑事犯罪の部類に入る。生徒や教師の加害者が学校内で刑事犯罪者になるとはどういうことなのか。隠れた暴力の根から芽が出ようとするときに、適切な対応を取って深刻な事態にならないように防ぐという危機管理体制は、学校組織では概してきわめて弱い。その結果、大きな事件となってメディアに大々的に報道されて世論の批判を浴び、学校に寄せる人々の信頼が揺らぐということが、これまで何度繰り返されてきたことだろう。学校組織の奥底に潜む暴力の根に学校関係者が無頓着なせいなのではないか。そして、うすうす気づいてはいても、目を背《そむ》けていることが最大の理由なのではないか。こうした疑問について考えたい、というのが本書の主題の趣旨である。

いじめと体罰はセットで語られる

言うまでもなく、学校で生じるいじめと体罰は基本的に異なる問題である。いじめは子ども同士の間で起き、体罰は教師と生徒の関係で起きる問題だからである。ところが、異質なこの二つがしばしば「いじめと体罰の問題」あるいは「いじめ・体罰問題」と表現されて一体的に扱われることがある。

一九八〇年代から九〇年年代前半にかけて、いじめと体罰が単なる教育問題を越えて、より広く深刻な社会問題となり、次々と裁判に問われる事案が生じた際に「いじめ・体罰」問題に正面から向き合った時期があった。ちょうど国連での「子どもの権利条約」（一九八九年一一月採択、日本は一九九四年に批准）の審議とも重なりながら、子どもの人権を守るという観点からいじめと体罰が併記された著作の刊行が相次いだ。[*1] ただ一九九〇年代半ば以降には、いじめ問題に関する議論に集中していった。体罰はと言えば、家庭で親が加える実態もあり、学校現場では議論すること自体がタブー視される傾向が強かったこともあって、取り上げられる機会は少なくなっていく。

ところが、二〇一二年から二〇一三年にかけて、大津市の中学校でのいじめ事件と大阪市の高校での体罰事件が相次いで大きな社会問題になったことから、「いじめ・体罰問題」という表現が改めて定着する。これら二つの事件に着目すると、時期的に重なったという事情だけでなく、いじめと体罰は各行為の内容やその結果、あるいは両事件に対する人々や学校教育機関が示す態度などをめぐって、いくつかの共通性をはらんでいることに気づく。二つの事件は、いじめと体罰の歴史のなかでも特筆すべき異例づくめのケースなので、両事件の概要を振り返っておきたい。

◉【事案1】大津市中学校いじめ事件（二〇一一年）

大津市の事件は、二〇一一年一〇月に生じた中学二年男子のいじめ自死をめぐってである。事件後に中学校側が生徒にアンケートを取りながらも回収後の扱いが不適切であったことや、大津市教育委員会の対応も不十分であったことが数ヵ月も経過してから明らかになり、メディアと世論が大きく反応した。抗議を繰り返してきた遺族は、大津市といじめたとされる生徒の保護者を相手に損害賠償を求める裁判を起こすに至った。これに対して二〇一二年七月になって大津市長が乗り出し、調査のための第三者委員会を設置するという経過をたどる。しかも事件後の教育委員会調査には限界があったとして、滋賀県警が「暴行」容疑で中学校と教育委員会を家宅捜査し、教員や生徒たちに事情聴取するというきわめて異例の事態となった。

◉【事案2】大阪市高校運動部員体罰事件（二〇一二年）

大阪市の事件は、二〇一二年一二月に生じた運動部の顧問教師による高校二年男子の体罰自死をめぐってである。事件後の高校側の対応の不備が明らかになるとともに、メディアと世論が大きく反応した。二〇一三年一月になって大阪市長が乗り出し、市長の強い意向をうけた大阪市教育委員会が体育系二学科の入試を取り止めるという緊急方針が出されるという異例の事態となった。そして二月に同教諭は懲戒免職処分となる。大阪市の外部監察チームは調査を開始し、五月にまとめた報告書のなかで、体罰の通報が寄せられていたのに生かされなかった教育委員会と学校の組織上の問題点を浮き彫りにした。さらに大阪地検は同教諭の常態化した体罰が「暴行・傷害」罪に当たるとして在宅起訴するという経過をたどり、九月になって大阪地裁は懲役一年執行猶予三年の有罪判決を下した。

これら両事案の概要を振り返ると、いじめと体罰の問題がもつ共通性を以下のように指摘できる。

①両事案はいずれも「暴行」という犯罪行為にまでエスカレートし、被害者が「自死」に追い込まれたこと。二つのケースのいじめや体罰と自死との因果関係は第三者委員会などによる関係調査報告書が指摘している通りである。学校での暴行と自死という絶対にあってはならない事件は、学校の安全性を脅《おびや》かし、人々が学校に寄せる信頼性を大きく揺るがし、学校は安心して過ごせる場であるという学校教育の基盤を損なうことになる。メディアと世論が反応して大きな社会問題になったのも当然である。そして、「学校と暴力とはいかなる関係なのか」という根本的な疑問を抱かせてしまう。

②両事案とも学校と教育委員会の対処がきわめて不十分だったこと。そこで市長や政府・文部科学省（以下「文科省」）が介入に乗り出したのも当然だったと言わざるをえない。学校で生じるいじめ・体罰は、本来は学校内または教育委員会内で解決すべき問題であり、また、その多くは解決できた問題であるにもかかわらず、地方自治体の首長や文科省が介入せざるをえなくなるとは、たとえそれがごく一部のケースだったとしても、学校と教育委員会は当事者能力を欠いているのではないかという人々の疑問や不信をかきたててしま

う。もしも当事者能力が低下しているのであれば、それはなぜかを問う必要がある。

なお、「教育委員会」と言うとき、厳密には「教育委員会事務局」のことを指すことが多いが、本書では一般にならって「教育委員会」(以下「教委」と略記することもある)と総称しておく。

③いじめと体罰は「古くて新しい問題」である。少なくとも一九八〇年代から三〇年以上にわたって同種の事件が起きるたびに大きな議論が噴出してきた。いじめや体罰をなくそうという声が何度も繰り返し叫ばれながら、いつまでたっても解決できずに事件が繰り返されるとは、一体どうしたことなのか。何か見落とした理由があるのではないか、と問わざるをえない。

その理由を考えていくと、いじめと体罰のいずれの場合も加害行為の奥底に相手を自分の思うままに操作したいという「勢力行使欲求」つまり「支配欲」という深層心理に行きつく。この潜在的な欲求がしばしば暴力として暴発するとすれば、学校はこの欲求にどう向き合うかという課題こそ「学校安全」にとって見落とせない。この奥深い論点にまで議論を進めたいというのが本書の主なねらいの一つである。

【事案1】が大きなきっかけとなり、いじめ問題がついに国会で本格的に審議されて、二〇一三年六月に「いじめ防止対策推進法」が制定されるに至った（同年九月施行）。いじめ問題に関する初めての法律である。とはいえ、全六章のほとんどは、それまで文科省が通達などで全国の学校関係機関に示してきたものに、国や自治体の責任を明確化し、財政上の措置を加えたもので、それほど目新しくない。ただ、第五章「重大事態への対処」は新しい内容で、重大事態の場合は自治体の首長などが介入することを要請するというものである。この第五章は、学校内でいじめの暴力化（重大事態）が生じることを暗黙の前提にして書かれている。もちろん、それはあってはならないことだが、これまで何度も繰り返されてきた以上、残念ながら前提とせざるをえないという趣旨であろう。

一九八〇年代以降の動向を眺めると、「いじめや体罰をなくす」という目標は、ともすると、ことばだけのスローガンとして感情的に叫ばれやすく、幅広く奥深い議論を地に着いて展開する態度が弱かったと言えよう。もちろん、数多くの出版物や報告書が出され、全国各地で研修会が幾度となく繰り返されているのだが、奥深い議論がなかなか定着していかない。それだけに、いじめと体罰が生じた現場の細かな状況について「誰が誰に」「いつどこで」「なぜ」「どのように」「その結果は」などの諸点を明らかにすることこそ不可欠であるのに、それさえ十分に明らかにしないまま、単にいじめや体罰の「有無」をめぐって、ことばだけの応酬をしたところで、何ら生産的な議論にはならない。

そうした表面的に流れてしまう議論を繰り返してきたことが問題の解決を難しくしてきた原因なのではないか。そうであるなら、これまで三〇年以上に及ぶ多くの悲痛な経験から得られた知見を問題解明と問題解決のための「基礎知識」として明確に深く整理して的確に理解したうえで、対処や防止の実践課題を明確にする必要があるだろう。それも本書のねらいの一つである。

【事案2】をきっかけに運動部での体罰問題がなお騒がれていた最中の二〇一三年七月に、愛知県内の私立高校野球部で監督による部員への体罰事件がまたしても起こった。それは「暴行」と見なされて同監督は同月に逮捕され、監督を解任された。二〇一四年八月に名古屋地検岡崎支部は元監督を暴行罪で起訴した。[*2] こんなにも簡単に事件が繰り返される実態を見るだけでも、「基礎知識」が不可欠だと言える。

いじめ・体罰問題への「まなざし」

いま「多くの悲痛な経験から得られた知見を問題解明と問題解決のための「基礎知識」

として明確に深く整理して的確に理解」する、と述べた。そこで、本書はどのような観点からいかなる方法で問題を整理するのかについて改めて述べておきたい。

なるほど、いじめが時代とともにどのように変化してきたのかとか、どこまでが違法な「体罰」として許されず、どこからが合法な「懲戒」として許されるのかなど、それぞれの「行為実態」そのものについてはこれまで多くの議論がなされてきた。しかし不十分なのは、いじめ・体罰問題に向ける人々の「まなざし」の仕組みとその変化や変化のなさの解明である。ここで「まなざし」というのは次のような意味である。

つまり、いじめ・体罰問題を人々がどう受け止めているか。「いじめ」や「体罰」ということばは独特で多様な意味や幅広いニュアンスを帯びているにもかかわらず、それらを互いに了解することなく、「いじめ」や「体罰」ということばを使う議論が百花繚乱のように行きかい、議論が混乱し空転していることはないだろうか。それだけにいじめや体罰について論議する際の「ことばの使い方」や「問題の立て方」がきわめて上滑りで、掘り下げに欠け、荒っぽく、歪んではいないだろうか、と問う必要がある。*3

問題の立て方が適切であれば解答はすでに半分以上出ているようなものだ、とよく言われる。だとすると、問題の立て方が悪ければ解答はなかなか出ないことになる。いじめ・

体罰問題は早急な解決を焦るあまりに、問題の立て方が乱雑であることがこれまであまりに多すぎたと私には思える。したがって、「まなざし」を問うと言ったのは、問題に関することばの使い方や問題の立て方を検討することであり、そのことが遠回りのようでも解決に近づく道であると私は考える。「基礎知識」にとって大切なのは、「行為実態」の仕組みとその変化だけでなく、「まなざし」の仕組みとその変化について明らかにすることである。

本書が問題を整理する観点と方法について以上のようにねらいを定めるのは、いじめと体罰を「社会問題」(多くの人々があってはならぬこととして深刻に感じ、早急な解決を求める社会事象)として把握しているからである。いじめは昔から子どもたちの世界では日常的な事象であった。体罰も昔から学校で(もちろん家庭でも)よく見られてきた事象である。それらは特に問題にされることはなく、当たり前のように見過ごされてきた。

それがある時期から「あってはならぬこと」と人々に意識されるようになった。それは人々の「まなざし」に大きな変化が生じて「社会問題」として登録されるようになったことを意味する。その変化はなぜ生じたのか、どのような経緯をたどって変化していったのか。それもいじめ・体罰問題の根幹を成す「基礎知識」として知っておかねばならない基本的な事柄である。結論を先取りすれば、一方ではいじめと体罰が傷害や自死を伴うことによる学校への信頼感の低下と、他方では人権意識の高まりが「まなざし」の変化の理由だと考えられる。

そして、世論が「社会問題」に反応するときには、不安、不満、抗議といった強い感情を伴うことが常であり、問題に関する客観的な解明の態度というよりも、解決を求める主観的な言動が先走りがちだという点に留意したい。たしかに、世論は社会問題の指摘と解決の要請に対して強い圧力となる。ただし、感情を帯びやすい世論は問題の捉え方が表面的に流れたり、ことばの使い方が乱雑になったり、紋切り型の問い方に陥ったりしやすい傾向にある。そうした点について個々の社会問題の客観的な検討が不可欠である。

信頼関係を築くために

いじめ・体罰問題の全体を問い直すのは、言うまでもなく学校への信頼性を回復し、教師と子ども・保護者とのいっそうの信頼関係を築き上げるためである。

その信頼関係が大きく崩れるきっかけになったのは、一九八〇年代初頭に中学校の校内暴力が全国に蔓延《まんえん》したことである。校内暴力も学校の奥底に潜む暴力の発現そのものである。校内暴力が一応治まった後も、いじめや不登校などの諸問題が一気に噴き出した。その背後には、高度経済成長期を経てから高学歴化と入試競争さらには消費社会化と私生活中心主義が広がるという社会構造の大転換があり、そうした社会背景を抜きにして教育問題を考えることはできない。しかし、当時のメディアと世論がすぐさま反応したのは表面的に目につく具体的な教育問題であり、それらは一括して「教育荒廃」と呼ばれて「社会問題」化していった。

批判の矛先は真っ先に教師に向けられ、「教師バッシング」（教師叩き）が高まっていった。「バッシング」とは強打してぺしゃんこにするという意味だから、単なる悪口や批判を超える独特の強い感情を伴った反応である。当時の政府も教育問題に取り組まざるをえなくなり、一九八四（昭和五九）年には当時の中曽根康弘首相が主導して臨時教育審議会（臨教審）が設置され、そのなかで教員評価を厳しくする政策も検討されたのである。

「教師バッシング」は一時期ほどではないにしても、三〇年以上経った今日でも底流として続いている。そして、いじめ・体罰問題はその底流を再び表面に導き出して、学校・教師・教育委員会批判をいっそう強化する。

さて、信頼されるということが日常の人間関係から組織運営に至るまできわめて大切であることについては誰も異論がないだろう。では信頼とは何か。
「信頼」とは相手の考え方や感じ方、行動のすべてを知っているわけではないのに、知り得た一部の情報から、今後に示すはずの行動を肯定的に見通す可能性のことである。つまり、いま見聞きする相手の一部の情報を、相手の今後の全体的情報にどう関係づけることができるかということになる。*4

そこで、保護者が教師も含めた学校に寄せる信頼について一般的に考えてみよう。信頼性が低い場合は、①学校が発する情報が少なすぎて肯定的に見通すことができない、②不快な一部の情報から学校をすぐさま否定的に見通してしまう、③学校の不快な情報が多すぎて肯定的に見通せない、ことが考えられる。

そうすると、学校に対する信頼感を取り戻すには、①に対しては、ⓐ可能な限り情報を提供する、隠さない、学校を地域に開くこと。②に対しては、ⓑ連絡や説明が不十分なときや対応の誤りなどがあったと判明したときには、速やかに率直に謝罪して誠意を尽くすこと。③に関しては、ごく数少ない事案だとはいっても教師のさまざまな不祥事が連日報道されるようなメディアを通じて、人々の学校批判が過剰に高まっていることに対して、ⓒ子どもの成長発達を実現するための学校教育方針とその実践、成果と課題を率直に保護者に伝えながら、学校の真摯《しんし》な取り組み姿勢を示すこと、である。

いじめ・体罰問題は、その対応次第によっては学校への信頼性を低下させる重大な要因となる。それこそ①②③の各場合に該当し、それに対するⓐⓑⓒの措置が必要である。なかでもⓒで述べた「子どもの成長発達を実現するため」は最も重要である。なぜなら、社会問題としての教育諸問題が生じると、ともすれば学校と保護者の二者が対立関係の悪循環に陥りがちであり、あくまで「子どもの成長発達」の観点から学校と保護者が一致協力して問題を解決するという三者関係が弱くなりがちだからである。

今日「いじめの根絶」とか「体罰をなくす」というスローガンが声高に叫ばれる。しかし、そのスローガンだけが目立つようでは「問題の立て方」としては木の「枝葉」の部分だけを取り上げて、肝心の木の「幹」を見落とすことにならないか。肝心の幹とは「子どもの成長発達」にとって何が問題であり、その問題をいかに克服しながら安全で安心して過ごせる学校づくりができるか。そして学校と子ども・保護者の信頼関係を築くことができるか、という大きな目標を見据えることである。その大きな目標の実現に向けて、いじめ・体罰問題を解きほぐし、その奥底にある暴力にまでアプローチして解明しなければ、いつまでたっても問題の解決は難しいだろう。

本書は三部から成る。Ⅰ部では社会問題としてのいじめの捉え方や仕組みの変化について整理しながら、克服法について考える。Ⅱ部では社会問題としての体罰の捉え方や仕組みの変化について整理しながら、克服法について検討する。Ⅲ部では、Ⅰ・Ⅱ部を踏まえて、両者に共通する「学校と暴力」の関係に着目し、その原理を解明したうえで、具体的に暴力を誘発しやすい学校と誘発しにくい学校の仕組みについて検討しつつ、いじめ・体罰問題の克服法について総合的に考察していきたい。

いじめや体罰に関する議論は、どちらかといえば教育方法学や学校（臨床）心理学の研究に拠ることが多い。私はむしろそれらとは異なる視点に立つ。つまり、法律の規定内容や裁判の審理内容も視野に入れながら、学校組織や学校を取り巻く社会という広い環境面から、子どもや教師の行動とその内面にまで接近するという学校臨床社会学の手法で検討したいと思う。

I

いじめ問題を見直す

1　子どものいじめがなぜ深刻な「社会問題」になるのか

いじめ問題への関心

日本では一九七〇年代末から学校でのいじめ問題が少しずつ注目され始めていたとはいえ、その本格的な検討は一九八〇年代前半には未だおこなわれてはいなかった。「いじめはきわめて日本的な事象である」といった言い方が流行ったのもその頃である。「集団主義が優勢な日本では、共同体的な集団の拘束力が強く、村八分のような排除がはたらきやすい」というような俗っぽい日本文化論がそのままいじめ問題にも適用されていた。あるいは「高校進学に向けた成績や入試の競争が激しいから、子どもがいじめでストレスを発散するのだ」といったありきたりの解釈も横行していた。当時は、学校でのいじめが世界中で共通する社会問題であるという知識を、人々は未だ共有していなかったのである。

一九八〇年代を通して、私が大学で何気なくいじめ問題を話題にすると、「そんな問題が研究対象になるのか」と同僚の教育学者からあきれるように言われたことがある。いじめとは子どもの日常世界でのごくありふれたいざこざやけんかの類いであり、教育研究のテーマになるようなものではない、というニュアンスが込められていた。

もちろん私自身も正式に研究対象として取り上げるなどというつもりで話題にしたのではなかった。自分も子ども時代にいじめられたいやな経験や、逆にいじめた苦い思い出もあるだけに、あまりに身近すぎて研究対象にする意図を持ったわけではない。ただ、後に触れるように、一九七九年九月に埼玉県上福岡市（現ふじみ野市）で起こった中学一年生林賢一君のいじめ自死事件が新聞やテレビ、雑誌でそれまでになく大きく取り上げられたことに衝撃を受け、それが一九八〇年代以降のいじめの社会問題化の先駆けとなってからは、いじめ問題に密かにこだわってきたにすぎない。教育社会学を専攻する者として、現代の子どもの現実問題の一つとして無視することはできないと感じたまでである。

それでも私のささやかな関心が急速に強まっていったのには二つの理由がある。まず一九九四年一一月に愛知県西尾市の中学二年生大河内清輝君がいじめ自死を遂げたことを各メディアが大きく報じてから議論が広がり、愛知県内各地で開かれたいじめ問題に関する討論集会や研修会、研究会に参加する機会が増えたこと。そして一九九六年一〇月から一

○ヵ月間、教師教育改革をテーマに文部省（当時）の長期在外研究でイギリスに出張した際に、現地でいじめ問題について直接見聞きする機会におもわず出くわしたことである。

イギリスでいじめ問題を考える

イギリス滞在中は、ロンドン郊外にあるバークハムステッドという小さな田舎町の借家から、週の前半は上り電車でロンドン大学キングスカレッジへ通い、後半は下り電車でミルトンキーンズにあるオープンユニバーシティに通った。借家でテレビを見たり、近所の公共図書館で各種の新聞や雑誌を見たり、借家の隣人たちと会話したり、近くの公立初等・中等学校を訪問しては校長と話したりするうち、イギリスでもいじめ問題が日常的に話題になっていることに気づいた。二つの大学の図書館にはいじめ問題の本も揃っているし、書店にはいじめ問題関連の新刊本が並んでいる。

イギリスでの生活から、思いがけずいじめ問題について多くのことを知ることができたが、それらの知識すべては、いじめ問題をいかなる「まなざし」で捉えたらよいか、いかなる「問い方」が求められるのかという根本に関わっていた。個人主義であり、入試競争が日本ほど激しくないイギリスでもいじめは深刻な問題である。ただし、問題の問い方は単にいじめをなくすといった表面的規制に止《とど》まるのではなくて、人間性を奥深くまで理解しようとする態度に満ちていることを知ったことは、私にとってその後のいじめ問題への向き合い方を方向づけてくれた。

そこで、イギリスで新たに知り得た主な事項を次の五点に整理したい。[*1]

（1）「いじめ」ということば

英語でいじめは bullying、学校でのいじめが焦点となるから school bullying とも言い、いじめ問題は bully/victim problems である。つまり、いじめをする者 bully と犠牲者 victim との関係という表現である。これは、日本では一九九〇年代に入ってもまだ当たり前のように使われていた「いじめっ子」「いじめられっ子」という表現とは対照的である。[*2] 日本語表現はどこか牧歌的で、いじめる側といじめられる側の双方を天秤にかけて傍観者的に眺めているような言い方であるのに対し、英語では victim ということばに示されているように、悪いのはいじめる側であり、いじめられる側は犠牲者であると明確である。私は単行本や新聞、雑誌の英語表記を眺めながら、日本語でも「いじめ加害者」「いじめ被害者」という明瞭な表現を使うべきだと考えるようになった。

（2）世界でのいじめ問題の発生

オープンユニバーシティの図書館で、いじめ問題研究の先駆者ともいうべきノルウェーの心理学者D・オルヴェウスの著作『いじめ　こうすれば防げる――ノルウェーにおける成功例』を見つけた。彼は著書の冒頭部分で次のように述べている。

> いじめは、一九六〇年代の終わりから一九七〇年代のはじめにかけて、まずスウェーデンで強い社会的関心を集め、その関心は急速に他のスカンジナビア諸国にも広がっていった。この問題は、ノルウェーでは長い間マスメディアおよび教師、両親の関心事であったが、学校当局は公式には関与しなかった。だが、数年前に事情が激変した。ノルウェー北部の一〇歳から一四歳の三人の生徒が、仲間のはげしいいじめにあって自殺したことが新聞に報道され、マスメディアや一般の人々の強い不安と緊張を呼び起こし、その結果、一九八三年の秋に、ノルウェー文部省の肝いりで、小・中学校における「いじめ防止全国キャンペーン」が繰り広げられた。……私は一般的に、ある生徒が、繰り返し、長期にわたって、一人または複数の生徒による拒否的行動に

さらされている場合、その生徒はいじめられていると定義している。ここでいう拒否的行動とは、ある生徒が他の生徒に意図的に攻撃を加えたり、加えようとしたり、怪我をさせたり、不安を与えたりすること、つまり基本的には攻撃的行動の定義に含意されているものである。[*3]

この短い文章のなかには三つの重要な知見が含まれている。

①世界で最初にいじめを「社会問題」として人々が受け止めたのは一九七〇年代のスカンジナビア諸国であった。②いじめによる自死→メディア報道→「社会問題」化→教育政策の実施というプロセスは日本も同様である。③いじめは青少年の「攻撃的行動」の一環である。

私が在外研究を終えて帰国してからは、森田洋司をリーダーとする国際比較研究の大きな成果『世界のいじめ——各国の現状と取り組み』が出版された。世界二〇ヵ国以上におけるいじめの実態、社会・文化背景、学校制度、いじめ克服の取り組み、などを網羅した労作である。そして、同じく森田洋司監修による『いじめの国際比較研究』も刊行された。[*4]

この二冊を眺めると、いじめは日本独特どころか世界共通の社会問題だということが一目瞭然である。

一九七〇年代初頭の北欧諸国で初めて社会問題化したいじめは、一九八〇年代に入って日本やイギリス、アメリカで議論になり、一九九〇年代以降はアジア諸国をはじめ世界各国で注目されるようになった。文化や社会の仕組み、教育制度が異なるのに、どうして世界各国で共通して問題になるのか。その原因を探ってみると、青少年が成長発達する過程で現れる「攻撃性」という普遍的な要因に行きつく。

(3) いじめ加害者の攻撃性

ロンドン大学教育大学院（ＩＯＥ）内には小さな書店があり、教育に関する新刊書が揃っているので、ときどき立ち寄っていた。あるとき、南オーストラリア大学の社会心理学の准教授による『学校でのいじめ――そして何をなすべきか』という三〇〇頁近い分厚い本を見つけた。一九九六年にオーストラリアで調査研究報告として出されたあと、九七年にイギリスで商業出版されたばかりのものである。[*5] さっそく購入してざっと目を通した。

オーストラリアでも一九九〇年代に入ってから、いじめ問題への関心が急速に高まっている。著者はイギリスとオーストラリアでの教職経験が長いだけあって、いじめの現実のあらゆる側面について詳しく分析しつつ、具体的な対処法を幅広く論じている。

　特に目を引いたのは、いじめ加害者が自分の家族について感じたことの調査の部分である。というのも、日本ではいじめ被害者については遺書を含めた記録や言動の様子などが発表されて、いじめを受けた苦しさの深い事実を知らされるわけだが、奇妙なことにいじめ加害者の方についての情報はほとんど発表されない。直接面談するカウンセラーなどを除けば、いじめ加害の背後にどんな事情があるのかさえ理解していない。こんな一面的なことでは、子どもたちの深い人間洞察さえおぼつかない。

　調査結果から、著者はいじめ加害者の家族についての描写を以下のように整理している。もちろん、これはオーストラリアの事例に基づいたものだから、日本での事情については別に調べる必要があるが、いじめ加害者の背景を理解するうえで参考になる。

○私の家族は、私が悲しかったとき、共感もしてくれなければ、理解も示してくれない。
○私の家族は、家族が問題を抱えたとき、一緒になって、対処しようとはしない。
○私の家族は私をまだ子どものように扱い、一個の人間として応じてくれない。
○両親は、私の将来や進路について関心を持っていない。

○私の家族は、互いに他の感情を考慮することがない、など。

これらを見ただけでも、なぜいじめ加害者のなかに不満や不安、いらだちが生まれ、攻撃性が高まっていくのか、その攻撃性がなぜ他の弱い立場に置かれた友達に執拗に向けられていくのか、何となく分かるような気がする。そして、その攻撃性が学校でのいじめ暴力として具現化するとすれば、表面的に観察できるいじめだけでなく、背後にある家庭の事情から来る攻撃性にも目を向ける必要がある。いじめ加害者の方も、実は家族のなかで被害を受けている場合があることに気づくのである。日本ではいじめ加害者の背後に何があるのかという問題意識を持ってきただろうか。いじめをめぐる状況の解明さえ十分ではないままに「いじめをなくそう」というスローガンばかりが叫ばれてきたのではないか。

(4) いじめ防止基本方針の文書化

ロンドン市内の政府刊行物書店に立ち寄ったとき、イギリス教育省が発行したいじめ対策ハンドブックが平積みになっているのに気づいた。綺麗な装丁の大きい判型による一四〇頁ほどの冊子で、さっそく購入した。書名は『いじめ—黙って苦しまないで—学校のための反いじめマニュアル』とある。その内容はいじめの定義や種類から始まり、いじめを把握することの困難性や、その実態、そして学校でのさまざまな指導法まで、実に網羅的にコンパクトに書かれている。*6

とりわけ、学校がしっかりとした基本姿勢を持つべきだという点が強調されており、いじめの認識や対処法、日頃の教育指導について、校長のリーダーシップのもとで全教員が話し合い、各学校が文書のかたちで明確に方針を示すことこそがいじめに打ち勝つ方法だ、と述べられていることが印象的である。

なかでも「各学校が文書のかたちで」というのは日本で特に重要ではないか、と感じた。口頭で「いじめをなくそう」と言うのは簡単だが、口にするだけでは教員全員の合意形成は難しいし、そのうち忘れられていく。それに対して、基本方針や対処方法を学校ごとに明確な文書に書き記そうとすれば、教員間でのいじめ理解や現状把握を共有するために、現状を見据えながら突っ込んだ議論が各学校で不可欠になってくるからである。

(5) 人間性を洞察する必要性

バークハムステッドの借家近くにある初等学校と中等学校を訪問した折には、いじめについても質問した。

児童数三〇〇人余りの初等学校では、校長室の書棚の真ん中に、教育省のあの大きないじめ対策冊子がならべられているのがすぐに目についた。校長がいじめ問題を無視していないこと、教育省の指導書がこうして実際に現場で使われていることを確認できた。「いじめは日本で今、大きな社会問題になっています」と話題にすると、校長はごくさりげなく「人間が集団生活をすると、いじめはつきものです。そのつど問題にして、具体的な対応を積み上げるほかありません」とにこやかに答えた。

校長の受け応えで印象深かったのは、「人間（human being）」という表現を使ったこと、顔をしかめたり、問題を隠すような素振りがまったくなくて開放的だったことである。うかがった話を総合すると、子どもだけでなく若者や大人の人間関係にもいじめがあること、人間がもつそうした「悪」的な部分から目を背けずにその克服を常に心がけること、という基本メッセージであるように感じられた。

一方、生徒数が一〇〇〇人を超える大規模な中等学校（一一～一八歳）を訪問したときには、理学博士の肩書きを持つ副校長から「「バンダリズム（vandalism 器物破壊行動）」がありましてね」と、先方から悩みが率直に話された。「日本でも同じです。ただ、今はいじめ問題が深刻で、残念ながら自殺者も出ています」と返事すると、「イギリスにもいじめによる自殺者はいます。本校の場合は幸い、暴力的ないじめはめったにないのですが、ことばによるいじめがあります。これは教師も気づきにくいのでやっかいです。思春期というのは、独り立ちの過程で特徴的な問題行動を帯びやすいですね」と、青少年の発達過程についての議論になった。ここでも副校長が率直で、にこやかにオープンに話す態度が印象的だった。

初等学校と中等学校での話からふと感じたのは、いじめを論じるには「人間に関する深い洞察」が求められるのではないか、ということであった。特に青少年の発達過程をどれだけ深く理解できるかが問われている。問題にすべきは表面的な対策ではなくて、「善」も「悪」も持ち合わせる人間そのものを見つめる深いまなざしを、まず私たち大人が培《つちか》うことなのではないか。ましてや、いじめがあるかないかで、学校の体面ばかり気にするような姿勢では何ら根本的な問題解決はできない、と痛感したのである。

2 日本でのいじめ「社会問題」化

いじめ「社会問題」化の始まり

日本では一九七〇年代後半から、いじめ問題が少しずつ表面化しており、殺傷事件にまで至ったケースもニュースにはなっていた。ただ、当時の論調全体としては「いじめられっ子」のひ弱さに目が向けられがちであった。一九六〇年代から七〇年代にかけての高度経済成長を通じて高校進学率が急上昇するなか、入試競争が激化し、「競争に打ち勝つ」あるいは「たくましく強い子になる」といった考え方が一気に広がり、「強い者」の価値が優勢な時代の雰囲気を反映していた。そうした意識を打ち破るかのように、いじめ被害者として問題視される最初のきっかけとなったのが先ほども触れた林賢一君事件である。

◉【事案3】埼玉県中学校いじめ事件（一九七九年）

一九七九年九月、埼玉県上福岡市（現ふじみ野市）の新興団地マンション一一階から中学一年生林賢一君が飛び降りて自死した。この事件は新聞報道が相次いだだけでなく、NHKテレビでドキュメンタリー番組が放送されたり、総合雑誌の特集記事になったり、分厚いドキュメントとなって出版されたりして、それまでのいじめ事件と異なり、メディアを含めて大きな反響が見られた。[*7] したがって一九八〇年代にいじめが広く社会問題化する端緒になった事案である。この事案は、その後も議論されることになる以下のような問題点のほとんどすべてを含んでいて、日本でいじめが社会問題化する最初の象徴的事案であったと言ってよい。

①いじめは被害者を自殺にまで追いつめるほどの攻撃性をもつ。②林君は約三ヵ月前に自殺未遂をしており、自殺のサインが親から担任に伝えられたにもかかわらず、学校は初期の適切な対応をせず、最悪の結果を防ぐことができなかった。③NHKのドキュメンタリー番組は、林君が実は小学校時代からいじめられており、その理由は彼が在日朝鮮人であったことを指摘した。つまりいじめは「差別」と重なる場合があり、差別もまた攻撃性をもつ行動である（いじめと差別の関係は以前から全くといってよいほど注目されていないが、重要な論点なので「3 いじめの仕組みはどうなっているか」で取り上げる）。④両親と在日朝鮮人団体が市教育委員会に要請し、三ヵ月後の一二月になって学校側が「調査報告書」をようやくまとめたが、調査は教員

への聞き取りだけで、いじめは認められなかったという不十分な内容であった。各方面からの追及を受けて再調査の結果、翌一九八〇年三月に二回目の「調査報告書」が出された。その主な内容は「いじめはあった。ただしそれが民族差別であったと断定するには至っていない。自殺未遂後の指導には適切さを欠いた」と最初の報告を修正するものであった。この間に学校と市教育委員会が取った態度から分かったことは、学校と教育委員会にいじめ問題を「隠蔽する体質」があること。⑤両親は民事裁判に問う方法を模索したが、当時はいじめ裁判がまだ定着しておらず、教育委員会による「和解金」の支払いに応じるしかなかった。

いじめ件数調査の諸特徴

この林君事件から二〇一〇年代まで三〇年余りの間、いじめ自死事件が報道されるたびに社会問題として大きく注目され、しかし時間が経つと忘れられ、次の自死事件でまた注目されるということを何度も繰り返してきた。ここで留意すべきは、いじめ問題への人々の注目度の変化は、いじめ総件数の増減と完全に一致しているわけではないことである。

文部省(二〇〇一〔平成一三〕年より文科省)がいじめ発生件数の調査を始めたのは、次項で整理するように一九八五(昭和六〇)年に全国でいじめ自死事件が相次いだために実態を調べ始めてからのことである。その最初の調査では全国の公立小中高校で一五万件以上のいじめ総数となった。ただし、それは各学校が各教育委員会を通じて文部省に報告した件数である。いじめを見過ごしたり、けんかやいざこざと同一視すればいじめ件数には計上されないから、過小報告の場合も考えられ、いじめの精確な実態を客観的に示したものではない。それに文部（科）省はいじめ調査の基準を一九九四（平成六）年と二〇〇六（平成一八）年に変更しているので、この三〇年間のいじめ件数の増減変化は精確な実態というよりも、あくまでおおまかな傾向を示すものである。むしろ、数値データは教師がいじめ問題にどのように関心を抱き、一定基準に沿っていかに注意を払っているのかという学校側の「まなざし」を物語る関数として見た方がよい。

ただ、毎回の件数調査に共通する、ある傾向を指摘することができる。それは学年による変化で、小学校高学年から件数が増加し、中学校でピークに達し、高校になると減少していく傾向である。この傾向は子どもが思春期を通り過ぎていく時期と重なっており、私がイギリスの中等学校で副校長と話し合った「思春期というのは、独り立ちの過程で特徴的な問題行動を帯びやすい」という青少年の発達過程そのものを示している。

文科省は二〇〇六年度からそれまでの「発生件数」を「認知件数」と表現を変更して統

計を取るようになった。たしかに統計データは発生実態ではなく、認知の度合いを示す数字である。一口に「いじめ」と言っても、一時のものでいつのまにか立ち消えになるものから、担任や教師集団による介入で解決するもの、あるいは暴行として刑事犯罪になるものまで多様である。それほど広範ないじめ行為を「いじめ」というひらがな三文字で一括して、「いじめは許されない」と繰り返すような紋切り型の議論に止《とど》まるものだから、問題の立て方や解明の仕方に歪みが生じる。II部で取り上げる「体罰」も同様である。

いじめ自死事件が大きく報道されると学校現場では安易な処理はできないとの意識がはたらくのか、その後のいじめ報告件数が増加するという奇妙な現象がいつも繰り返されてきた。社会問題化されると水面下のいじめを表面化して報告することになるのだろう。この奇妙な現象は、一定の行為をいじめとして件数に挙げるかどうかは、いじめ問題を眺める「まなざし」に大きく左右されることを物語っている。

文科省は二〇一一（平成二三）年度からようやくいじめ「解決率」を発表するようになった。この解決率の方が実態に即しながら、しかも隠すことなく自慢できる確かなデータである。調査された二〇一〇年度の全国国公私立小中高校でのいじめ「解決率」は七九・一%であった。[*8] 従来のように「いじめ件数の半減」を叫ぶよりも、むしろ「いじめ解決件数の倍増」をスローガンにした方が隠蔽にもならず、教師の取り組みも積極的になって問題解決を前進させるはずである。ところが、解決率はそれほど大きな話題にはならず、メディアの報道もこれまで通りいじめ件数の多さにこだわり続ける。おそらく、社会問題化というのは常に「問題を指弾する」という姿勢を取るからだろう。

問題の指弾には、それに相応《ふさわ》しいことばや発想法を伴いがちである。その典型が「いじめの根絶」という焦りに似た感情を込めたことばである。「いじめの根絶」という表現が広く注目されたのは、一九九四年の大河内清輝君事件の直後に当時の村山富市首相がテレビ記者の質問に対して「いじめを根絶するくらいの気持ちで取り組まにゃいかん」と答えたことが最初のきっかけだろう。自・社・さきがけ連立政権発足から半年ほど経ったときであったが、首相がいじめ問題について直接発言するのはそれまでになかったことである。私は当時のテレビニュースでその発言を見聞きして今でもはっきりと記憶するが、村山首相は「根絶するくらいの気持ちで」と丁寧に話したのに、その後は広く「いじめの根絶」という表現が一人歩きするようになった。今もメディアや教育行政関係者などがこのことばをごく当たり前のように使うことがある。しかし、いじめ問題の認識法や問題解決に向けた発想法として、それが適切な表現であるかどうかは検討を要する。

いじめ「社会問題」の〈四つの波〉

この三〇年余りの間、いじめの実態とそれに対する人々の態度や議論に見られる「まなざし」には、かなり変化した側面とあまり変化しない側面がある。その両面を検討するために、いじめ社会問題化の〈四つの波〉を整理しよう。四つの波はそのすべてが単にいじめ総件数が増加したために浮上した時期とは限らない。むしろ、いじめ自死という痛ましい事件が相次ぐなかで、いじめ問題に対する人々のまなざしが動揺したり先鋭化したりする。そうした世論に呼応するように文部（科）省がいじめ防止対策の緊急アピールを発表したり、いじめを細かく把握できるように調査基準を変更したりして、防止対策が次々と打ち出されていく時期という意味である。

そこで、社会問題化の〈波〉が押し寄せた各時期と、その時期の特徴を一言でまとめたうえで、象徴的な事案と具体的な防止対策を整理しながら、いじめ問題への「まなざし」がどう変化し、どう変化していないかを指摘したい。[*9]

〈第一の波　一九八〇年代半ば〉――いじめの本格的な社会問題化

一九八五年に小中学生一〇人以上が自死するという痛ましい事件が相次ぎ、文部省は「児童生徒の問題行動に関する検討会議」を設置していじめ実態調査を始めるとともに、同会議は「緊急提言――いじめの問題の解決のためのアピール」を出した（一九八五年六月）。その冒頭は「いじめは、児童生徒の心身に大きな影響を及ぼす深刻な問題であり、その原因も根深いものである」という一文から始まる。その四ヵ月後には臨教審が「いじめ問題に関する会長談話」を発表（一九八五年一〇月）、「……教育問題として社会問題としてもはや看過できない」と審議対象にしたことを知らせている。

ただし、今改めてそれらの文章を読み直すと、問題を指弾してはいるが、「深刻な問題」、「看過できない」といった表面的で論評的な表現に止《とど》まっている。それでも、林賢一君事件から五年ほどが経って、本格的な社会問題化へと動き出した時期に入った。国を挙げての対策が動き始めた矢先の一九八六年二月、中野富士見中事件が起こった。

◉【事案4】東京都中学校「葬式ごっこ」いじめ事件（一九八六年）

東京都中野区中野富士見中学二年生鹿川裕史君が「葬式ごっこ」などでいじめられたことを苦に、バッグのなかに遺書（「……このままじゃ「生きジゴク」になっちゃうよ」）を残して岩手県盛岡市駅前の地下街公衆トイレ内で自死しているのが発見された。文部省検討会議の緊急アピールから八ヵ月後のことである。それだけに鹿川君事件はメディアと世論の反応が大きく、いじめが見過ごせない社会問題として広く公認されるような事態となった。東京都教育委員会は「葬式ごっこ」の寄せ書きに署名していた担任教師など六人を懲戒処分とした。いじめで教員が懲戒処分されるのは全国で初めてで、教師の責任が厳しく問われた最初の事案となった。一九八〇年代初頭から広がった「教師バッシング（叩き）」はこの事件でさらに強化されることになる。

なお、それまで「いじめる」という動詞形が日常用語であったが、この時期に「いじめ」という名詞形が多用されるようになった。それは「いじめる」行為の問題性が対象化されて社会問題に登録されたことを示している。『広辞苑』第三版（一九八三年一二月発行）には動詞「いじめる」しかないのに、第四版（一九九一年一一月発行）には名詞「いじめ」が初めて追加され、「いじめること。特に学校で、弱い立場の生徒を肉体的または精神的に痛めつけること」と説明されている。

〈第二の波　一九九〇年代半ば〉――いじめの刑事犯罪化

一九八〇年代後半は各教育委員会が各学校に通知を出して、いじめ対策委員会を設置、指導資料を作成、研修会を開催といった取り組みが展開され、いじめ問題の解決に向けて一歩が踏み出されたかに見えた。ただ、取り組みは各学校の努力に委《ゆだ》ねられたから、どこまで徹底されたかは疑問で、取り組みそのものも形式的に流れたきらいがあったようである。

いじめ論議が一区切りつくとメディアもあまり報道しなくなる。しかし、それはいじめ実態がなくなったわけではなく、いじめは潜在化して見えにくくなっただけのことだった。事実、一九九〇年代に入ってからも私自身が保護者会の会合や近所の母親たちの立ち話で「誰と誰がいじめられている」とか「学校でこんないじめがあったが、先生に言ってもなかなか取り上げてくれない」といった話題をたびたび耳にしては「再びいじめ問題が大きくなるかもしれない」と実感していた。どこで火がついてもおかしくない状況のなかで大河内君事件が起こる。

◉【事案5】愛知県中学校いじめ事件（一九九四年）

一九九四年一一月末、愛知県西尾市の中学二年生大河内清輝君が自宅裏庭で自死しているのが発見された。一二月に入ってから自室の机の引き出しのなかに「遺書」と題された長文が見つかり、被害の経緯が詳細に書かれていた。「……小学校六年生くらいからすこしだけいじめられ始めて、中一になったらハードになって、お金をとられるようになった。中二になったら、もっとはげしくなって……」。この遺書が新聞に掲載されてから、メディアは連日大きな報道を繰り返した。当時の村山首相がテレビの取材に対して発言したのもその報道のなかだった。

〈第一の波〉の象徴的事案となった、**【事案4】東京都中学校「葬式ごっこ」いじめ事件**では、両親が民事裁判に訴え、東京地裁ではいじめの存在を否定する判決であったが、一九九四年五月に東京高裁はいじめの存在を認め、いじめを防止できなかった教師らと区と都に責任ありとして賠償を命じ、また加害生徒二人に対する監督責任を怠った両親の過失を指摘する判決を言い渡していた。その高裁判決からわずか半年後に今度は愛知県内で起こったいじめ自死である。中学校側がいじめのサインに気づきながら、三年前に校内に設置されていた「いじめ対策委員会」も機能せず、最悪の事態を防げなかったことも明らかになる。

最初のメディア報道から一週間も経たないうちに文部省は即刻「いじめ対策緊急会議」を設置し、すぐさま「緊急アピール」を発表する（一二月九日）。一〇年前の「児童生徒の問題行動に関する検討会議」と異なり、会議名に「いじめ対策」を掲げ、緊急アピール文も問題の指弾に止《とど》まらずに具体的な行動を提起した。

1　いじめがあるのではないかとの問題意識を持って、全ての学校において、直ちに学校を挙げて総点検を行うとともに、実情を把握し、適切な対応をとること。

2　学校・家庭・社会は、社会で許されない行為は子どもでも許されないとの強い認識に立って子どもに臨むべきであり、子どももその自覚を持つこと。

このアピール文は、〈第一の波〉の緊急アピールとは異なり、単に問題を指弾し、表面的で論評的な表現に止まるのではなくて、被害の立場から加害を強く非難する姿勢を取っているのが特徴である。そして、一九八〇年代末から一九九〇年代初頭にかけてバブル経済が日本を覆い、金銭至上主義が子どもの世界にまで及んだ歪みであろうが、いじめはしばしば「恐喝」犯罪に変質していた。ところが、警察が捜査をして加害の四少年を「恐喝」罪で書類送検したことについては、メディアも世論もあまり関心を向けず、あくまでいじめという範囲内でしか受け止めていなかった。いじめはエスカレートすれば刑事犯罪になることもあるという認識を、学校教育関係者でさえ知識としてまだ根づかせるには至っていなかったのである。

〈第三の波 二〇〇〇年代半ば〉――学校と教育委員会の隠蔽体質への批判

〈第二の波〉も時間経過とともに少しずつ沈静化していって約一〇年が過ぎた時期に、遺書を残したいじめ自死事件が突然のように全国で相次いだ。二〇〇五年九月に北海道滝川市の小学校六年生女子が教室で首をつり、意識不明のまま二〇〇六年一月に死亡した。その九ヵ月後に遺書が発見されて、市教委が事実を認める。滝川市の事件が明るみに出てから一ヵ月後の二〇〇六年一〇月に福岡県筑前町の町立中学校二年男子が遺書を残して自死、保護者がいじめ相談をしていたのに学校が十分な対応をしていなかったことが判明。福岡県の事件からわずか一〇日ほど後に岐阜県瑞浪《みずなみ》市の中学二年生女子が遺書を残して自死、娘の変調に気づいた母親が学校に相談していたにもかかわらず十分な対応をしていなかったことが明らかになる。

立て続けに生じたいじめ自死事件でメディアは再び連日報道を続けた。いじめ自殺予告の手紙が文科大臣宛てに届いたために当時の伊吹文明大臣が急遽記者会見し、「いじめられて苦しんでいる君は、けっしてひとりぼっちじゃないんだよ」との「文部科学大臣からのお願い」文を広報したりしたため、いじめ件数が特に増加したわけでもないのに、〈第三の波〉が押し寄せたのである。

ちょうど当時の安倍晋三首相（第一次安倍内閣）が主導する「教育再生会議」の審議開始と重なり、同会議は緊急提言を発表する（二〇〇六年一一月）。

……いじめは反社会的な行為として絶対許されないことであり、かつ、いじめを見て見ぬふりをする者も加害者であることを徹底して指導する。……徹底的に調査を行い、……問題を起こす子どもに対して、指導、懲戒の基準を明確にし、毅然とした対応をとる。

この提言はそれまでの提言のなかで最も激しい表現で、「絶対」とか「徹底」、「毅然」といった用語が目立つ。しかし、感情的な掛け声だけでは議論は空回りしがちであり、いじめの的確な認識と解決のための具体的実践が確立しなければ、掛け声はいじめ問題への「まなざし」を歪める結果を生み出してしまう。〈第三の波〉のなかで大きく浮かび上がった四つの論点がある。

（1）いじめ件数データ

〈第三の波〉に揺れる国会で、いじめ件数データについて質問された安倍首相は「学校は実態をありのままに報告すべきである。他方、いじめ件数はこれまで通り減らすよう取り組んでほしい」と答えた。その答え方は自己矛盾を含んでいると、国会のやり取りをテレビニュースで見ながら私は感じた。いじめ件数データだけを表面的に取り上げて「減らす」ことを目標にすれば、「ありのまま」の実態ではなくて、学校はおもわず隠微な「報告件数隠し」に陥るだろうからである。取り組み目標は形式的に件数データを減らすことでなく、あくまでいじめ問題の根本的な解決なのである。

（2）いじめ件数の調査基準

文部（科）省は一九八五年にいじめ実態調査を開始したときに調査基準を設けた（それ

は調査の基準であって定義ではなく、いじめが初めて公式に定義されたのは、後で触れる「いじめ防止対策推進法」第二条である）。調査基準は〈第三の波〉を受けて、二〇〇六年度に重要な改訂がなされた。それはいじめを判定するときに「精神的苦痛を感じているもの」とし、加害者のいじめ意図の有無にかかわらず、被害者の立場を考慮する姿勢を明確に打ち出した点である。この姿勢はセクシャルハラスメントの考え方とも通底する。

それまでの基準だと外見的ないじめ行為を見つければよかったのが、新たな基準では「精神的苦痛を感じている」かどうかという被害者の内面に注目する。それだけに、一人の教師で見つけるには困難があり、子どもや保護者も含めて、学年全体または学校全体であらゆる角度から子どもの状況を把握する必要が生まれる。

（3）学校の隠蔽体質

立て続けに生じたいじめ自死事件に共通するのは、学校や教育委員会がいじめ問題に正面から向き合わずに隠そうとする体質がある点である。この点は一九七九年の林賢一君事件のときから変わらない。もちろん、学校だけでなく企業や役所も含めてあらゆる組織は自らの都合が悪いことは隠して自己防衛しようとする「組織悪」をもっている。ただ、最近は組織の「危機管理」という考え方が広がり、隠すよりも事実を公開する方が早期の信頼回復を得ることができるとの基本方針が理解されつつある。

ところが、学校組織はそうした危機管理法にまだ慣れていない。そのうえ「学校にいじめはあってはならない」という価値判断が前提にあるものだから、その価値判断が事実を明らかにすることよりも先行し、事態を客観的に明らかにする前に隠蔽に陥りがちとなる。その結果、周囲からの学校批判を強めて、事態解明もできずに泥沼状態に陥ることがこの三〇年余りの間に何度も繰り返されてきた。

しかも、意図的あるいは無意図的な隠蔽体質がある限り、学校組織の奥深くに存在するであろう暴力の根がそのまま温存されていく危険性がある。その反対に、隠さない姿勢が確立するとともに、いじめ（そして体罰）は暴力化へとエスカレートしにくくなると考えられる。

(4)懲戒措置

「毅然」として加害者を厳しく指導することは必要であろう。しかし、いじめ加害者であること自体を本人が意識していない場合も多い。近年のいじめでは加害者と被害者が交互に入れ替わるケースもしばしばある。つまり、いじめは子ども時代に多くが経験する「悪」であり、その克服を通じて「善」を体得する学習素材のようなものであり、いじめは誰もが対人関係能力（ソーシャルスキル）を習得するうえでの身近な問題事例だと考えるべきではないか。それだけに、加害者を特定して「出席停止」（「学校教育法」第二六条で規定され、暴力行為が止むことがないような場合に義務教育の場合は校長からの申し出を受けて教育委員会が命令）といった懲戒を与えるのがいじめ問題の解決に適切なのかどうか。緊急避難措置だとはしても、出席停止の間にどのような指導をするのかを考慮しなければならないなど、懲戒措置は簡単なものではない。

〈第四の波 二〇一〇年代初頭〉――「いじめ防止対策推進法」の制定

私は、一九七九年から四半世紀にも及びながら未だ完全に解決できないいじめ問題について、自分なりに検討したいと思い、いじめ問題二五年を総括する小著を二〇〇五年一一月に刊行した。いじめ問題への「まなざし」の観点から〈第一の波〉と〈第二の波〉を検討したものである。ところが刊行後一年して〈第三の波〉が現れた。そこで〈第三の波〉を多角的に解明しつつ具対的な政策提言もおこなって、二〇〇七年三月に急いで増補版を刊行した。その増補版「まえがき」で私は次のように述べた。

偶然のことなのか、あるいは事件と忘却の循環のせいなのか、約10年ごとにいじめ論議の波が繰り返していることを見ると、いじめ問題の総括が不十分なままであれば、問題を忘れたころに、たとえば2010年代半ばに再びいじめ論議の第四の波が現れるのでは、と懸念したくもなる。[*10]

こう述べてから、一〇年後どころか五年も経たないうちに、実際に大津市の中学校でいじめ自死をめぐるきわめて異常な事態が生じた。「はじめに」でも触れた【事案1】をさらに詳しく眺めよう（以下「大津市中学校事件」）。

二〇一一年一〇月、中二男子が自宅マンション一四階から飛び降りた。内輪で葬儀を済ませたあとになって、本人がいじめを受けていたという話が耳に入り、遺族は学校に問い合わせる。学校は全校生徒を対象に二回にわたってアンケートを実施したところ、九月頃から同級生に教室やトイレで殴られたり、成績表を破られたりしていたことが判明した。それを受けて大津市教委は一部の結果を公表し「いじめがあったようだ」と認めたが、

「自殺との関係は不明」としてそれ以上の詳細な調査を進めなかった。中学校内でも一部の教師はいじめではないかと疑ったが、学校全体で明確にいじめを認知するには至らず、けんかだと扱われたようである。遺族は二〇一二年二月に市やいじめをしたとされる同級生三人とその保護者を相手に損害賠償を求めて大津地裁に提訴する。

事件から九ヵ月も経った二〇一二年七月、アンケートのなかに「自殺の練習をさせられていた」との記述があったのに、確認が取れていないとの理由から公表しなかったことなど、調査が不十分であることが明らかになった。ついに大津市長が乗り出し、市教委には任せられないと第三者委員会を設置することになった。マスコミは連日大ニュースとして伝える。滋賀県警もいじめが常態化していた可能性があるとして、暴行容疑で生徒を聴取、学校と市教委の捜索をおこなうという異常な事態に至った。[*11]

多くの兆候を知っていたにもかかわらず、学校全体ではいじめをけんかと処理してしまうような教師の感性の鈍麻が疑われる。保護者から何度か問い合わせや相談があり、アンケートに重要な事実が書かれていたにもかかわらず、それらに真正面から対応できずに、市長や警察の介入を招いてしまった学校と市教委の危機管理体制の弱さが全国の注視を浴びる。〈第四の波〉の出現である。

そして、この大津市中学校事件をきっかけに「いじめ防止対策推進法」が成立しただけでなく、教育委員会制度の見直しにまで飛び火してしまった。ほんのごく一部の学校であったとしても、いじめを学校内で解決できず、市長部局や警察さらには立法の力に頼らざるをえなくなったことは、学校教育の敗北だと思われても仕方がない。いじめ問題で初めての法律が制定されたことが〈第四の波〉の焦点である。

「事件対処型」発想を変えよう！

「いじめ防止対策推進法」が議員立法により制定され（二〇一三年六月、同年九月施行、以下「いじめ防止法」）、その全文に目を通したとき、私が抱いた率直な感想は「とうとう立法化されたか」という悔しい思いであった。この三〇年余りの間、学校教育関係者は全国各地での悲痛な経験を通していじめの捉え方や対処法について学び、解決に向けて努力を傾けてきたはずであった。ところが、大津市中学校事件が生じた。

これまでもそうであったように、安全であるはずの学校で生じる悲劇は人々の学校に寄せる信頼から成り立つ「学校制度の存立基盤」を根底から揺るがす。そこで、その基盤が揺らぐことを懸念する政府・文科省は放置できずにさまざまな措置を講じざるをえず、以前からも個別の緊急対策がなされてきたわけである。ところが、ごく一部の学校や教師、教育委員会のなかに、個々の行為がいじめか否かといった点にだけ気を取られ、「学校の存立基盤」を危うくするいじめ問題という大きな判断がはたらいていなかったとしたら、きわめて残念である。

なぜ悔しい結果になってしまったのか。一九七九年以来いじめ問題を私なりに追いながら関心を向けたのは、いじめ行為そのものというより人々のいじめ問題への「まなざし」に「落とし穴」があるのでは、という疑いである。そして「いじめ防止法」もその「落とし穴」を埋めるものではないと感じられる。そのことについて次に述べていこう。

いじめ問題への「まなざし」の視点から、「いじめ防止法」全文を読んでみると、その多くは特段目新しい内容ではない。いじめの定義から始まり、いじめ防止基本方針、教職員の責務、いじめ防止委員会、加害者の懲戒（出席停止）、保護者や関係諸機関との連携などは、これまでにも事件が起きるたびに文部（科）省が教育委員会を通じて繰り返し通達してきたものである。目新しいのは、国や自治体の責任の明確化と財政上の措置、そして重大事態への対処方法を挙げたことである。*12

愛知県内で私が日頃から交流している、いくつかの小・中・高校に対して、法律施行から半年経った二〇一四年三月に問い合わせたところ、各校長からの返事はおおよそ次のような内容で共通していた。

「本校でも以前からいじめ防止委員会があって、方針や具体的な取り組みを教職員で議論してきたし、いじめが起きたときはケース検討会を開いてきた。今回の立法化を受けて、教育委員会が改めて概略を示すので、それを受けて、新年度に向けた本校なりの方針・組織化・防止法を詳細に策定し直し、ホームページにも掲載する。今後はスクールカウンセラーとの連携を強化したり、いじめ防止委員会の議事録を残したり、今まで以上に取り組みを徹底する必要がある」

この応答のように、立法化はいじめ問題の対策や防止の「かたち」を強力に整えてこ入れとはなる。とりわけ、「いじめ防止法」最後の第五章「重大事態への対処」は大津市中学校事件が制定のきっかけになったことを如実に物語る。本来は「重大事態」が起きないように、どのように防止するかということこそ重要であるのに、この第五章が置かれたのは、法律全体がいわば「事件対処型」発想に貫かれていると言ってよい。「事件対処型」

発想というのは、人々が学校に寄せる信頼を揺るがして「学校制度の存立基盤」が崩れることのないように、事件が生じた後に急ぎ対処する対策の構えである。実はこれまでもいじめ問題は「事件対処型」発想に貫かれてきた。

しかし、この発想は弊害を伴う。つまり、いじめと言っても軽度なものから深刻なものまで、対面による伝統的なものからケータイ・スマートフォン・ネットによる新しいものまで多様であるにもかかわらず、施策の目的が「学校制度の存立基盤」への信頼回復である以上、多種多様ないじめを一括して「いじめをなくす」「いじめの根絶（撲滅）」という一言で声高に叫ばれてきた。このスローガンでは「学校でいじめがあってはならない」という突きつめた判断に至り、おもわず学校組織に防衛的感覚を生じさせ、「よくある子どものけんかで、いじめではない」といったすり替えや、「本校にいじめはない」、「自殺といじめとの関連はない」といった隠蔽につながるような予断を生じやすくするからである。

たしかに立法化により、いじめ問題に対処する「かたち」は強固に整うかもしれない。しかし、その「かたち」に教師や保護者、地域の諸機関などが「こころ」を入れて「実行」していく具体的な教育実践にとっての諸課題は、今までと何ら変わらない。「こころ」とは、昔から子どもの世界で日常的だったいじめをどう理解し、その克服に向けていかに指導するのかという「日常的な教育で対応する」という「教育対応型」の発想にほかならない。「教育対応型」というのは「事件対処型」を不必要にさせるための日頃の基本態度であるのに、現実には「事件対処型」が前面に出て、「教育対応型」が後方に隠れているのが実態のように感じられる。

では、「教育対応型」発想の核心は何か。それは意外に見落とされている観点であるが、青少年の「発達」過程であると考える。私がイギリスの中等学校を訪問したときに、副校長が何気なく語った「思春期というのは、独り立ちの過程で特徴的な問題行動を帯びやすいですね」という見方にほかならない。そこで、この「発達」過程の視点から、いじめの特徴について考え直してみよう。

3　いじめの仕組みはどうなっているか

これまで一般に「思春期」ということばが馴染み深かったが、人間発達研究の分野では今はこの用語をほとんど使わなくなった。なぜなら、それは小学校高学年から中学生にかけて特に生殖機能を中心とした身体の成熟面を指して狭く使っていたので、こころや社会性の発達面も合わせた成長の幅広い諸側面を総合して、高校段階も含めて「青年前期」と捉える方が的確であると判断されるようになったからである。そして、高校卒業後から専門学校や大学などを経て就職して社会人として一人前になる二〇歳代半ばくらいまでの時期を「青年後期」として捉えて区別するようになった。そこで本書でも以後は「青年前期」という表現を用いる。

誰もが経験しながらほとんど忘れているように、青年前期の特徴は身体が大人になっていくときの不安定さにある。身体的に女と男の違いを否が応でも意識せざるをえなくなり、ことばでは言い表せぬような、体内から突きあげてくるような衝動力を感じるとともに、親への依存心が弱くなり、同輩仲間に強い関心が向けられるようになる。それは他者とは異なる「自分」という自覚が生まれ始めて「自己意識」が芽生えることである。

とはいえ、自分の能力の程度や友人関係のなかでの自分の位置づけなどがまだ不明確なだけに不安を伴いがちである。そこで、一方では仲間に同調しようとし、他方では「勢力」を誇示して（大勢で一人を取り囲むことも含め）自分の力を確かめようとし、周囲に対して少しでも自分を強く見せたい姿勢を取ってみたりもする。そのうえ他者への配慮をはじめ対人関係や社会生活上のルールも十分に身についていない。それでなくとも身体の急激な成熟とこころの成長との間にギャップがあるから、行動を自分でコントロールしにくい。こうした不安定な状態から、いじめだけでなく非行も含めた攻撃的行動が現れがちになり、それはしばしばさまざまな暴力行為として暴発することにもなる。

文科省は毎年、暴力行為やいじめ、不登校など生徒指導上の諸問題に関する調査を全国の国公私立の小中高校を対象に実施している。そのうち、「暴力行為」とは「故意に有形力（目に見える物理的な力）を加える行為」で、対教師、生徒間、対人、器物損壊のすべてを含み、客観的にも把握しやすい。その暴力行為の加害児童生徒数を学年別に集計した結果が図Ⅰ-1（平成二四年度）である。[*13] 小学校高学年から増え始め、中学校でピークとなり、高校になって減少していく傾向は、青年前期の発達的特徴を物語っている。

さて、大人への反抗的態度は、一方では依存を断ち切ろうとする態度ではあるが、他方では未だ依存を残している甘えの態度でもある。このような発達的特徴は世界中の青年前期の若者に共通する。したがって、この時期にいじめや非行が世界各国で同じように生じ

図I-1　「暴力行為」の学年別加害児童生徒数（2012〔平成24〕年度）

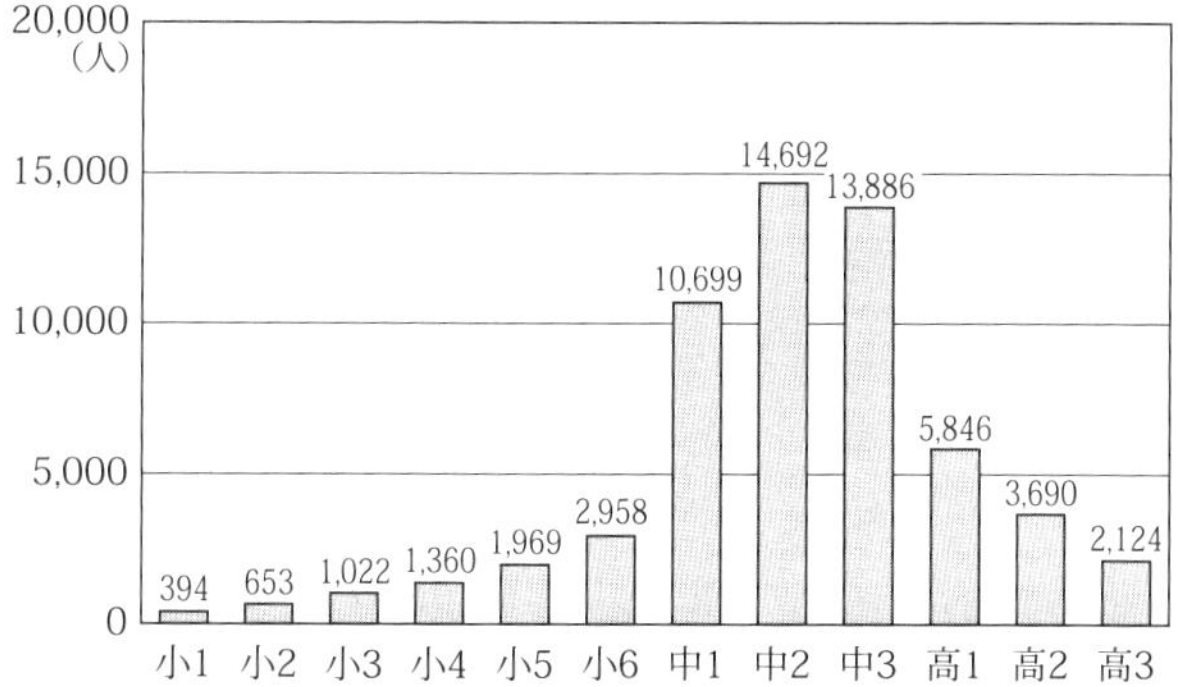

る。なお、児童期初期まで（小学校三年生くらいまで）にも、いじめに似たからかいやいやがらせの行動をしばしば見ることがある。ただ、それは青年前期のような不安定さから力関係をつくり出して、「勢力」を誇示するようないじめとは異なり、ごく他愛のないいたずらの類いであることも多い。

　以上は主としていじめ加害がなぜ生じるかという側面であるが、いじめ被害の側にも青年前期の特徴をうかがうことができる。「自分」という自覚のなかで自分の能力や力の程度を意識することは、親から心理的に自立しようとし、自尊の感情を抱くことでもある。したがって、いじめ被害にあったときにそれを親や教師、友人に知らせず、自分の内だけに押しとどめることが往々にしてある。あえて明るく振る舞って周囲に気づかれないようにしたり、「いじめられているのでは」と教師や親が問うても「そんなことはない」と笑顔で応えたりするのは、青年前期の発達の特徴からくる言動である。

しかし、よく見ているとやはりどこか不自然な様子があり、周囲がそれに気づくかどうかが重要になる。いつになくよく笑う、あるいは逆に気分が沈みこみがちになる、服装が汚れていたり顔や手に怪我の跡があったりして帰宅する、学校にあまり行きたがらなくなる、ひそかに家のお金を持ちだしている気配がある、などは当人が発するサインである。当人の表面的な言動だけで簡単に判断すると、大事なサインを見落とすことになる。だからこそ、いじめられたら気軽に教師や親や仲間に打ち明けることができるような開放的な雰囲気を学校全体でつくること、そして気軽に打ち明けることのできるカウンセラー相談や電話相談の機会をつくること、などの措置が強調されるのであり、それこそ「教育対応型」に基づく初歩的な取り組みにほかならない。

現代の青年前期の特徴

そのうえ、同じ青年前期にある子どもたちでも、かつてとは違って今のかれらの様子が変化している点にも留意すべきである。一九八〇年代に若き教師として荒れる中学生と対《たい》峙《じ》した経験をもち、その後は小学校に異動した教職三五年のベテラン女性教師は次のように語る。

……反抗する中学生は集団を成して行動を表に出しましたから、子どもの荒れ自体はすぐに摑むことができ、保護者とも手を携えて事態に向き合うという姿勢を取ることができました。

ところが一九九〇年代から、子どもたちは反抗の感情や行動を表には出さなくなり、群れることも少なく各人が内に籠ったかのようです。問題が無いのではなくて、子ども同士のちょっとしたトラブルに過敏に反応しつつ、それでいて教師にはいつも世話をしてほしいと密かに欲しているようで、子どもの様子が複雑になってきました。

こうした状況はことばで表現しにくいのですが、子どもの世界が息苦しい雰囲気に包まれているとでも言えばよいのでしょうか。一九八〇年代のあからさまに荒れる子どもとは違った意味で、関係の持ち方が難しいなと感じます。この難しさは、二〇〇〇年代に入ってからいっそう強く感じるようになりました。[*14]

このように、現代の子どもの世界を包む「息苦しい雰囲気」を把握することなしには、今のいじめ問題を理解することはできないだろう。

さて、「いじめ防止法」全文に「発達」という文言はない。ただ「成長」ということばは記載されていて、「第一条　この法律は、いじめが、いじめを受けた児童等の教育を受ける権利を著しく侵害し、その心身の健全な成長及び人格の形成に重大な影響を与える」とあり、同じ表現が法案「提案理由」と衆議院での付帯決議の「体罰」への言及部分に見られる。いじめが被害を受けた子どもの成長、発達に支障を及ぼすのはその通りである。

しかし、その認識だけに止《とど》まったら、「事件対処型」発想に絡め取られ、「いじめの根絶」という上滑りのスローガンに陥ってしまう。子どもたちは昔から気軽に（無意識のうちに）いじめを繰り返してきたという事実を想起したい。そして、すでに紹介したように、文部（科）省によるいじめ（認知）件数調査がおおよその傾向として指摘している、青年前期を山場とする件数変化に着目したい。いじめの仕組みを理解するうえでの基本的視点こそ、子どもの「発達」過程なのである。

図I‐2は、図I‐1と同じように、生徒指導上の諸問題に関する文科省の全国調査のうち、いじめの認知件数を学年別に集計した結果である。*15 認知件数なので、先ほどの暴力

図Ⅰ-2　「いじめ」の学年別加害児童生徒数（2012〔平成24〕年度）

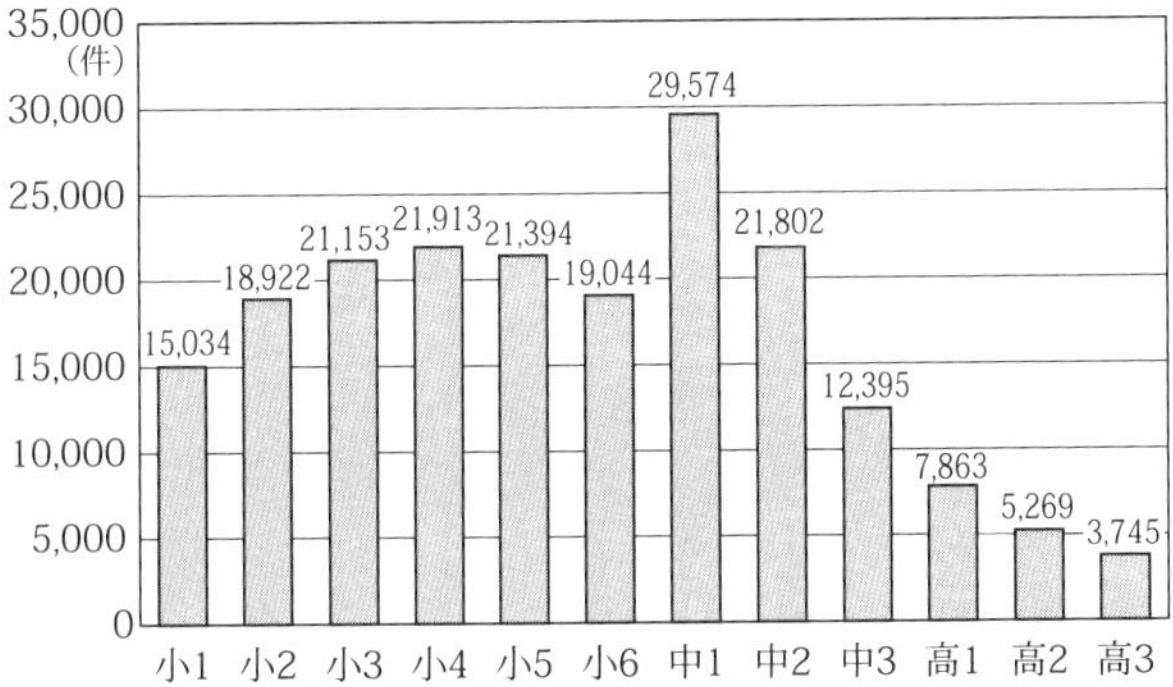

行為と比べて教師の判断に左右されるきらいはあるが、やはり小学校の高学年で件数が多くなり、中学校でピークとなって、高校になると減少する傾向はほぼ同様である。小5・6で件数がやや減っているという新しい状況は一時的なものか、あるいはいじめ防止指導が少しは行き渡り始めたか、または児童のなかに小学校の最高学年として、いじめはいけないという自覚がはたらいているのかもしれない。

最近では「いじめはどの学校でも起きる」と言われるようになった。ただ、それはやはり「事件対処型」発想に依るもので、いじめの仕組みについて何も説明してはいない。むしろ「いじめは青年前期に起きやすい」と言った方がいじめの核心に一歩でも近づく。そして、そこから青少年が自立と自律に向から「発達課題」としての「いじめの克服」が浮かび上がる。そうした「教育対応型」発想に立って、この発達課題を達成するためには、学校と保護者、地域の諸組織の連携がおのずと要請されてくる。ところが、その連携を追求するどころか、いじめの有無をめぐって、学校と保護者が対立するという図式ぐらい無意味で無駄なものはない。「教育対応型」発想ではなくて、「事件対処型」発想に絡め取られたときの悪弊そのものである。

いじめが暴力化する環境変化

いじめは昔から子どもの世界につきものだったから、大津市中学校事件で当該中学校の多くの教師が判断したように、年長世代はともすると「子どもによくあるけんかのようなもの」と、どこか牧歌的なイメージを抱きやすい。しかし、一定の環境条件下ではいじめは暴力にエスカレートして刑事犯罪にもなりうることを見落としてはならない。特に近年の環境変化について三つ指摘しておこう。

一つは、子どもを取り巻く生活環境のうち学校の比重が肥大化している点である。子どもの生活圏はもともと家庭と地域仲間集団、そして学校という相互に異質な三つの集団である。ところが、一九六〇年代から七〇年代にかけて高度経済成長に伴う都市化の流れと、一方では少子化の流れ、そして進学率が上昇し試験競争が強まっていくにつれて塾通いが広がり、伝統的な地域仲間集団が衰退していく。しかも、家庭での話題も勉強や成績に傾斜していき、各家庭の独自の活動も弱体化し、進学に向けた生活スタイルの画一化へと変化していく。その結果、子どもの生活圏のなかで学校が占める位置（学校が意識されること）がきわめて大きくなったのである。先ほどの「息苦しい雰囲気」もそこに由来しているかもしれない。

いじめは伝統的に地域仲間集団のなかで日常的に見られた。ただ、仲間集団はメンバーの出入りが流動的であり、異年齢による「タテ型」で、全体を統率する「ガキ大将」がいるのが常であった。したがって、いじめの標的とされた者は仲間から出ていくこともできたし、たとえ仲間に留まっても年長者の「ガキ大将」は最終的に仲間を守る役目も果たさねばならなかったから、いじめは最悪に至らないようにガキ大将役によってストップがかけられるという仕組みになっていた。仲間の周囲の子どもたちも、いじめの実際の経過を経験的に知って、いじめへの対処の仕方を自然に体得する機会となっていた。

ところが近年では、地域仲間集団が衰退しているうえに、学校では少なくとも一年間はクラスメンバーが固定していて、同年齢による「ヨコ型」であり、ガキ大将のような子ども仲間の年長統率者がいなくていじめのコントロールがききにくいため、エスカレートしやすく、悲劇を招くことがある。世界的にもいじめが社会問題になるのは「学校でのいじめ（school bullying）」である。地域仲間集団が衰退していることは、子どもが仲間の世界でいじめという力関係が存在することを知って、対応の仕方をいつのまにか体得する身近な機会が減っていることを意味する。しかも、かつて「いじめられっ子」「いじめっ子」として特定されていたのが、今は被害者と加害者の立場が流動的に入れ替わることが多い実態では、学校で子ども自身がいじめを克服することが余計に難しくなる。

そのように複雑化しているだけに、学校で単なるふざけ合いやからかい、けんかのように見える行動でも、実はそれがいじめであり、エスカレートしていく危険性があると疑った方がよい。つまり、いじめは学校内に視点を限らずに、地域を含めた子ども世界という広い視野で眺め直さないと、いじめ問題を本当に解明することはできない。

そして、子ども世界にとって新たな第四の居場所ともいうネット空間が二〇〇〇年頃から急速に定着した。小・中学生による地域仲間集団よりは少し年齢が高い中・高校生によるネット利用であるが、小学生の利用も増加しているだけに無視できない。最初は「ケータイ」（単なる移動電話を超える多くの機能を持つのでカタカナ表記される）が広がり、二〇一〇年代以降はパソコンに近いスマートフォン（以下「スマホ」）が登場して、メールをはじめブログやプロフ、ツイッター、LINEなどSNSとも呼ばれる情報空間がすっかりお馴染みになっている。この情報空間は学校や地域での友人関係と重なりながらも、それを超える空間へと広がっているが、画面でのやり取りが面接関係ではないところが特徴である。この空間については次項で取り上げよう。

二つ目に、学校でのいじめには注目すべき特徴がある。せいぜい数人ほどの規模である地域仲間集団とは違って、学校（学級）には加害者と被害者を取り囲むように、すぐ近くの周りに「観衆」、その外側に「傍観者」がいて、いじめをエスカレートさせる作用も果たしやすい。森田洋司が調査に基づき早くから指摘してきたように、「観衆」とはいじめをはやしたて面白がって見ている子どもたちであり、「傍観者」とは見て見ぬふりをしている子どもたちである。[*16] これら二層は加害者側に立ってしまうことがほとんどであり、いじめをエスカレートさせる要因となる。もちろん、「傍観者」のなかにはいじめを制止する者が登場することがあるかもしれないが、他の「傍観者」や「観衆」の支持を取りつけなければ浮き上がってしまい、逆にいじめの標的にされかねない。それを恐れるために、制止に踏み出すことを躊躇することが多くなる。

また、「観衆」や「傍観者」は「被害者」になる可能性もあり、ときには「加害者」へと変身することもある。また、「被害者」は「加害者」側にまわることもある。この「被害者」へと陥ることへの不安から、誰もが口を閉ざし、いじめがあったことを教師に知らせようとしなくなる。

　こうした学校（学級）でのいじめの仕組みはすでに二〇年以上も前から広く知られているはずなのに、今もなおいじめが見つかると教師のなかには加害者を叱りつけ、被害者に謝らせることによっていじめを個別に解決しようとして、事態をいっそう悪くするケースが後を絶たない。いじめ問題の基礎知識と克服に向けた基礎技能が根づいていない格好の例である。「観衆」と「傍観者」の存在を念頭に置けば、問題は個別のいじめそのものというよりも、いじめを許さず、いじめを気軽に知らせることができるような学校（学級）づくり全体を目指すべきことに当然気づくはずである。

　三つ目に、二〇〇〇年代後半から現れるようになった「ケータイ・ネットいじめ」（「ネットいじめ」）がことばの暴力を生み出している。ネットいじめはアメリカでも大きな社会問題になっており、「電脳空間のいじめ（サイバーブリング cyber bullying）」と呼ばれる。[*17]アメリカでは主にパソコンを通じて、日本では主にケータイ・スマホを通じていじめるという違いがあるけれども、二四時間にわたり正体不明者による不気味な攻撃が被害者を極度の恐怖に陥らせるという特徴は共通する。

具体的な例で考えてみよう。いじめの場では「汚い、クサイ、気持ち悪い、キモイ、ウザイ、失せろ、死ね……」など、そのときどきに各地で流行するいろいろな悪態語が使われてきたが、そのなかで一貫して変わらない悪態語は「死ね！」である。面接関係のなかでは「死ね！」と言われても、相手の顔色や口調から単なる気軽な悪口にすぎないと分かる場合が多い（関西のお笑いでは「死んでしまえ！」は笑いを取る常套句でもある*18）。

ところが、ケータイ・スマホではそうはいかない。誰かがごく気軽にいたずら半分で「死ね！」という文字を真夜中にメールで送ったり、あるいはツイッターに書き込んだりすると、文字は一人歩きし、受け取る方は精神的な苦痛を受けることになる。そのうち、悪乗りした周囲の者たちも加担すると、伝統的ないじめ加害者の数をはるかに上回るような不特定多数から多くの「死ね！」という文字が時と所をかまわず迫ってくることになる。身体への暴行ではないにしても、心理的に追い込まれて深い傷を受けるから、単なる悪態語でも結果的には明らかに「ことばの暴力」となる。しかもケータイ・スマホで個人的にやり取りすることに対して周囲は気づきにくく、被害者はいつのまにか孤立の底なし沼に陥ってしまう。

以上、いじめを暴力化させる現代の環境変化を三つ挙げた。そうした環境変化にのみ込まれた今の学校でのいじめの特質を再度まとめてみよう。

第一に学校でのいじめを「単なるからかい（ふざけ合い、けんか、いたずら、あそび）」だと判断して、その場のちょっとした注意程度で済まして放っておくと、いじめはエスカレートする危険性がある。

第二にその結果、安全であるはずの学校でいじめは暴力化し、暴行、傷害、恐喝などの刑事犯罪を引き起こす危険性がある。そして、そうした犯罪行為を繰り返し受けた被害者が自死に至る事件も起こりうる。

第三に表面的に現れたいじめ行為そのものよりも、青年前期の誰もが経験する不安定さに伴う攻撃性こそが、加害者と被害者の双方（立場は相互に転換しうる）に共通するいじめ問題の本質である。

第四にいじめ問題の克服は、「いじめをなくす」とただやみくもに叫ぶのではなくて、いじめがエスカレートして暴力化し犯罪行為に陥ることだけは未然に防止することが最低の課題である。そのためには青年前期特有の不安定さと攻撃性がどのような形で具体化されているのかを子どもたちに寄り添って理解すること。いじめに早く気づき、早期に教師と子ども、そして保護者やカウンセラーなどの関係者が連携し合ってさまざまな形で介入し、学校（学級）全体で克服すること、である。それこそが「事件対処型」ではない「教育対応型」発想による取り組みにほかならない。

これら四点について、以下でさらに詳細に述べていこう。

4　いじめ問題の捉え方と克服法

いじめ問題の混乱の原因

いじめ「社会問題」化の〈四つの波〉で整理したように、一九八〇年代から今日まで大きな論議がその都度繰り返されてきたにもかかわらず、大津市中学校事件に象徴的に見るように、人々が問題解決に向けた確かな基礎知識を体得したとは決して言えない原因は何であろうか。それは、先ほど挙げたような学校でのいじめの諸特徴をめぐって、〈認知〉〈価値判断〉〈行動〉の三つの側面でそれぞれ異なった捉え方が錯綜し合うために議論が混乱している点にあると考える。捉え方の錯綜と混乱のなかでは、いじめ抑止力が十分にはたらかずに、結果としていじめの暴力化を許してしまっているのではないだろうか。

〈認知〉面では、いじめを外面的・客観的に観察しうる行動と捉えるか、それとも被害者の内面に注目し、その身体的・心理的苦痛がいじめの根幹だと捉えるかという違いがある。〈価値判断〉面では、たかが子どものけんかぐらいと放っておくか、加害者と被害者の双方に問題があると考えるか、それともあくまで加害者の方に重大な非があると考えるかという違いがある。〈行動〉面では、傍観者的で第三者的態度を取るか、それともいじめに介入してその解決をはかるかという違いがある。しかも、これら三つの側面の整理がつかずに混乱していることも多い。たとえば〈認知〉を確認しないまま〈価値判断〉を急いだり、〈価値判断〉を下しながら〈行動〉をおざなりにしたりというように。

もちろん、この三〇年余りの間の議論を追っていると、少しずつ変化は見られる。〈認知〉面では行動の外面からこころの内面へと視点が移っている。〈価値判断〉面では被害者自身が抱えている問題は誰もがもっている教育課題として別に扱い、あくまで加害者の非の追及へと変わってきている。〈行動〉面では傍観せずに介入へと積極的になってきてはいる。

とはいえ、自分の子ども時代の経験をそのまま現代に当てはめて、いじめはけんかみたいなものだから放っておいたらよいとか、被害者側にも問題があるのではといった意見が今もなおなくならないために、議論の錯綜が依然として続く。しかも、いじめは悪という〈価値判断〉が〈認知〉よりも先行し、学校のいじめの実態を詳細に把握しないうちに、ただ非難されないようにと咄嗟《とっさ》に「わが校にはいじめはない」との〈認知〉にすり替えてしまうことも稀ではない。こうした錯綜と混乱が存在すれば、いじめがエスカレートして暴力化する隙を与えてしまうことになる。

さらにいじめの捉え方の問題点を追加しておくと、まったくといってよいほど見落とされているのが「差別（discrimination）」との関係である。いじめが日本で初めて「社会問題」化するきっかけになった一九七九年の林賢一君事件【事案3】は民族差別と一体のものであった。私はその事件以来、いじめと差別の関係についても考え続けてきた。結論的に言うと、いじめと差別は類似しており、両者はともに暴力化する危険性をはらんでいる。さらに細かく見ると、両者の共通性と相違性を次のように指摘できる。

両者は人間関係において、力関係をつくり出し、他者を貶《おとし》めて自分の優位性を強制的に確保する行動であり、人間の尊厳を侵害するという点では同じである。差別には一方で「見下げる」、他方で「排除する」の二つの作用があるが、いじめにもこれら二つの作用がある。

いじめでは物理的な力を行使して（身体への攻撃だけでなく、暴言やネットいじめも含む）、相手を無力化し、存在の価値を剝奪するのが「見下げる」に相当する。無視したり（シカトする）、仲間外し（ハバ〔ブ〕にする）をするのが「排除する」に相当する。ただし、いじめが恐喝を伴う場合は、「排除」ではなく「拘束（隷属）」関係を保ちながら金銭を強要することになる。このように差別といじめを比較すると、ともに「見下げる」作用があるが、「排除」作用が強化されると「差別」の性格が強くなる。

他方、両者には違いもある。差別の大きな特徴は人種や民族、性別、障碍《しょうがい》、本籍、職業など身体的・社会的属性に基づいて見下げ、排除する行為であり、就職・結婚差別を含む点である。これに対し、いじめの場合は身体的特徴は除いて（たとえば「デブ」など）、属性とはあまり関係せず、就職・結婚差別までは至らないのが差別と異なる。

いずれにしてもいじめは差別と同じく基本的な人権問題であるという認識が基本である。

「いじめは人間として許されない」とよく言われるようになったが、それが単に字面だけでなく、どこまで人権問題として深く把握したうえで言っているのか、単なる道徳教育のテーマの一つとして済ますのでなく、人権教育として広く深く学んでいく姿勢を確立する必要があろう。

以上、いじめ問題の捉え方の変化や論点の洗い出しをおこなった。それに基づきながら、いじめの定義について検討しておきたい。

いじめの定義

文部省（当時）は〈第一の波〉を受けて、一九八五年からいじめ実態調査を開始したが、その調査基準は次のようであった。

①自分よりも弱い者に対して一方的に、②身体的・心理的な攻撃を継続的に加え、③相手が深刻な苦痛を感じているもの、であって、④学校としてその事実（関係児童生徒、いじめの内容等）を確認しているもの。なお、起こった場所は学校の内外を問わないものとする。（数字の項目分けは引用者）

しかし、この調査基準はかなり曖昧で分かりにくい部分があり、学校現場ではいじめをなかなか見極めにくいものであった。

①「弱いもの」について。弱いというのは、複数者が取り囲んで弱い立場に追いつめるようなことであって、個人的な弱さが特定されるわけではない。また、弱い立場に追い込まれていじめられた者が、次には強い立場に移行していじめる側になることもしばしば指摘された。弱い、強いといっても状況のなかで変わる相対的な性質をもつ。

②「継続的」について。どの程度の期間か曖昧である。一回だけでも苦痛が大きければいじめと認める、という意見もある。海外では継続でなくてもいじめだと認めるケースが多い。

③「深刻な苦痛」について。苦痛は被害者がことばで訴えられないほど強いことがあり、表面上は苦痛を表さず、奥深く隠していることもある。きわめて観察しにくい場合はいじめの判断は難しい。

④「確認している」について。教師と学校が確認していない場合は、統計にのぼらない。つまり、学校から教育委員会を通じて報告されていく文部省統計数は、いじめの実態すべ

てを示しているわけではないことになり、実態は統計より多いはずである。この点については多くの批判が出されたので、〈第二の波〉のなかで基準から外された。

このように、最初の調査基準は二つの大きな問題を内包していた。第一にいじめ全体の実態を精確に把握する基準ではなかった。第二に②の加害行為に注目するか、あるいは③の被害感情を重視するかで、いじめの捉え方は異なってくる。②に注目すれば外見上観察しやすいいじめに偏りがちで③の内面は見落とされやすい。内面の様子については複数の教師ないし学校全体が常日頃からどんなささいなことでも情報交換していないと、把握が難しいからである。

なお、〈第二の波〉のなかで、当初の調査基準に付帯事項として「個々の行為がいじめにあたるか否かの判断を表面的・形式的に行うことなく、いじめられた児童生徒の立場に立って行う」が追加された。これは③をより重視しようという趣旨ではあろうが、付帯事項であるだけに本文基準ほどの説得力がなく、②と③の関係が余計に曖昧となった。

曖昧で不明確な最初の調査基準がほぼ同じ内容で二〇年余り続いたことは、学校と教師がいじめ問題を精確に理解するうえでの障壁となったと言ってよい。十分な理解ができなければ、いじめ問題の〈認知〉〈価値判断〉〈行動〉という各側面の内容が錯綜して理解の統一もできないから、結果としていじめの暴力化を許してしまうことにもなるからである。〈第三の波〉を受けて、二〇〇七年初頭に調査基準は以下のように大幅に修正された。いじめの実態をできるだけ包括的に捉えるために、文言はシンプルな表現となった。

①一定の人間関係のある者から、②心理的、物理的な攻撃を受けたことにより、③精神的な苦痛を感じているもの。（数字の項目分けは引用者）

なお、それまでは公立小中高校だけが調査対象だったのが、国私立にも調査が拡大された。そして、いじめの「発生」件数ではなく「認知」件数とし、アンケートなどで児童生徒から状況を聞き取る機会を設けるよう求めるなど、いじめ調査は教師や校長にとって実務的にも煩雑な作業になっていく。改訂基準の発表から六年後の二〇一三年に、この基準内容がほぼそのまま「いじめ防止法」第二条でいじめの「定義」とされた。

第二条　この法律において「いじめ」とは、①児童等に対して、当該児童等が在籍する学校に在籍している等当該児童等と一定の人的関係にある他の児童等が行う②心理的又は物理的な影響を与える行為（インターネットを通じて行われるものを含む。）であって、③当該行為の対象となった児童等が心身の苦痛を感じているものをいう。

（数字の項目分けは引用者）


改訂版調査基準と「いじめ防止法」の定義についても、なお不十分な箇所があるというのが私の意見である。一言でいうと、この定義では客観的すぎて、解決に向けて状況に介入する積極性に欠ける。なぜなら第一に「一定の人的関係にある」という箇所が具体的に分かりにくい。多様なケースを広範にカバーしたいという趣旨ではあろうが、青年前期の発達的特徴を踏まえながら、いじめの関係について踏み込んだ表現にすべきではないか。

第二にすでに述べたように「いじめ問題 bully/victim problems」は「いじめる者 bully」と「犠牲者 victim」との関係の問題という英語表現が説得的であり、日本語でも「加害者」と「被害者」という明確な用語で関係性を強調すべきではないか。

二〇〇七年に文科省が改訂版基準を発表した際、私自身はいじめを次のように定義した。[*19]
①子ども同士の力関係のなかで、弱者の立場に置かれた被害者に対して優勢な立場

にある加害者が、②一時的または継続的・長期的に、身体的、言語的、金銭的、あるいはケータイ・ネット上などさまざまな面で有形・無形の攻撃を加え、③身体的・精神的な苦痛をもたらすこと。

この私の定義の趣旨は、青年前期の子どもたちに出現しやすい仲間同士の「力関係」に注目し、明確に「加害者と被害者の関係」として捉えて、人権侵害を正面から見据え、その克服と互いの人権を尊重し合う関係の確立という教育課題を提起すること、である。要するに、いじめは英語で「ハラスメント（harassment）」とも表現されることから分かるように、加害者がいじめを意図しているかどうかは問題ではなく、何らかの行為が相手に大きな苦痛を与えたときに、いじめが成立するという判断なのである。

三〇年以上にもわたって、全国各地で多くの痛ましい経験を経てきただけに、そうした判断が基礎知識として人々に根づいて当然のはずである。ところが、「いじめは許されない」と叫んでいるにもかかわらず、実際には今もなお「いじめといってもふざけ合いやけんかみたいなもの」と見過ごしたり、「いじめっ子・いじめられっ子」と両者を天秤にかけるような見方や、「いじめられっ子にも悪いところがある」と傍観者のような立場をとって、結局はいじめを正当化してしまう考え方や判断が完全になくなってはいない。そうしたいじめ理解では、いじめが暴力化する危険性を常にはらんでいるのである。

学校の危機管理といじめ裁判

「社会問題」としてのいじめが論議されるたびに、学校の「危機管理」のあり方が大きく問われている。「学校安全」を保持するために、災害や不審者侵入などの対応についてはマニュアルがつくられ、訓練がおこなわれたりして、一定の前進が見られる。ところが、「いじめ防止法」が制定されざるをえなかったように、いじめ問題についてはまだ危機管理が確立しているとは言い難い。そこで、学校の危機管理上の問題点と諸課題について、いじめ問題に即しながら四点に整理して検討したい。

(1) 学校組織と「危機管理」

近年はさまざまな組織で深刻な事態が発生した(するかもしれない)ときに即刻対応できる危機管理の考え方や方法が少しずつ定着しつつある。

一般に組織というのはそれ自体が自己防衛の機能を備えていて、内部に問題を抱えた場合は外部の追及から身を守るために咄嗟に隠蔽するという生理的と言えるほどの性向があるように見える。しかし、不祥事に加えてさらに隠蔽が加わると世論の不信を呼んで、組織の自己保身は失敗するという皮肉な結果になる。そこで組織の危機管理意識が高まり、不祥事は即刻公表して「アカウンタビリティ」（説明責任）を果たした方が、むしろ組織の評価低下を食い止め、結果として組織防衛になるという経営戦略が取られつつある。

ところが「学校は子どもたちが元気に過ごす場であって、深刻な事件や事故は起こらない」とか「学校は安全である」といった理想的イメージが先行しがちな学校組織では、危機管理という意識を持つことさえまだ縁遠く、危機管理の手法さえ十分に体得してはいない。危機管理には、組織の安定を揺るがす深刻な事態が生じた後の対処としての「クライシス・マネジメント」の側面と、深刻な事態の発生に備えるための、または発生を予防するための「リスク・マネジメント」の側面があると言われているが、学校組織はいずれの側面にもまだ馴染んではいない。学校は制度として確立してはいても、各学校は規模がそれほど大きくなく、組織としての形態がそれほど強力でないだけに危機管理の取り組みが遅れている。いじめが暴力化する背景には、危機管理の取り組みの遅れがあることを見落とせない。

(2) 関係諸機関との連携

現代のいじめ問題について、学校内だけではたして十分な危機管理ができるだろうか、と考えてみよう。〈第二の波〉を象徴する大河内清輝君事件【事案5】は実は恐喝犯罪であった。いじめに金銭が絡んでくると、教師だけでいじめのエスカレートを食い止めることは難しい。それまで学校教育にとって警察は不要と考えてきた私も、この事件からは、警察との連携が必要なケースもあると思うようになった。級友でありながら学校の外で暴行を繰り返すような場合も同様である。深夜も警戒に当たることができるのは警察であり、教師では無理がある。警察の少年係も教師と同じように子どもの成長を願いながら、教師が知らないかれらの現実をよく調べて親身に関わってくれていることを、学校関係者はもっと心得ておいてよい。

内面を率直に表現しなくなっている現代の青年前期の子どもたちにどう向き合って、かれらの発達をどう支援するか、ということは学校だけでなく地域全体の根本課題である。スクールカウンセラーやスクールソーシャルワーカーはいうまでもなく、病院、いじめ電話相談、児童相談所、地域いじめ問題対策連絡協議会などがネットワークを形成し、ケースに応じて学校が諸機関の連絡調整役に当たることが危機管理にとって重要となっている。学校と教育委員会のなかだけでいじめ問題を解決しようとするのは組織の閉鎖性そのものであり、時代遅れでさえある。「いじめ防止法」第一七条で関係諸機関との連携が述べられているのもその点を突いたものである。

教育委員会との連携はどう考えるべきか。「はじめに」でも述べたように、厳密に言うと、教育委員会とは自治体首長が一般の市民からも選ぶ教育委員の会議と、教職出身者が多い教育委員会事務局から成る。前者の長が教育委員長で、後者の長が教育長であり、教育長は教育委員でもある。教育委員会議は月一回程度であり、教育の運営の実権は実務に詳しい事務局が握っていると言ってよい。戦後新教育の大きな柱の一つとしての教育委員会制度ではあったが、その後六〇年以上を経過して組織の硬直化が見られるようになった。教育委員会がお飾りのようになり、事務局との緊張関係をなくし、事務局も現代の教育問題に対して新たなセンスで果敢に取り組む組織としては劣化していると言わざるをえないケースも出てきている。教育委員会問題とは、突きつめると教育委員会事務局の問題にほかならない、と私は考える。

大津市中学校事件で大きく火がついた教育委員会制度の見直しは、約六〇年ぶりに国会で審議されるに至った。二〇一四年六月に成立した「改正地方教育行政法」（施行は二〇一五年四月）では、これまで教育委員会が任命し、教委と兼任であった教育長は、自治体の首長が直接に任免し教育委員長と一本化される新たなポストとして権限が強化されることになった。前からの教委の執行権は残しながらも、概して首長が教育に関与する度合いを強めるのが新制度の特徴である。ただし、この仕組みではたしていじめ（そして体罰）問題をどれだけ教育委員会と事務局が一体となって克服できるのかどうかは今後の課題である。

いじめの「リスク・マネジメント」については教育委員会で日頃から十分に練り上げて、各学校に伝えていくことはできよう。ところが重大事態が生じたときの「クライシス・マネジメント」については、咄嗟の判断や対処が必要なこともあって、事務局が対応せざるをえないことになる。ところが大津市中学校事件で明らかになったように、事務局がいじめ問題や危機管理について十分に心得ておらず、不適切な対応を繰り返しては人々の不信を招くということもしばしば生じてきた。そこで、重大事態が生じた学校が混乱している場合に、事務局が前面に出て対処する際には、事務局の危機管理の意識と方法、行動すべてが問われる。それだけに、事態打開を事務局に任せてしまうと、該当学校の対応が無責任に流れやすくなり、保護者との信頼関係を失うことにもなりやすい。いじめ問題に誠実に直接対応すべきは、あくまで該当学校の教師であるという日頃の覚悟が必要だろう。

(3) 保護者との連携

いじめ問題の間近に保護者がいることを見落とすべきではない。子どもの様子がおかしいと真っ先に保護者が気づいた例はこれまでにたくさんあった。保護者が学校に相談するケースも多い。ところが学校が真正面から受け止めず、十分に調べないうちにいじめがエスカレートして痛ましい結果に至る事件が何度も繰り返されてきた。保護者は学校側の不誠実な態度に業を煮やして民事裁判に訴えることにもなる。

だとすると、保護者と学校の普段からの連携がどれだけ重要であるかがよく分かる。いじめではないかと疑われたときに、気軽に学校に相談できる開かれた人間関係が重要である。学校もいじめ防止の教育方針を機会あるごとに保護者に伝えて、協力を求める姿勢が不可欠である。そうした信頼関係がいじめの早期発見、早期克服につながる。

ネットいじめについても、いじめ問題としてだけでなく、スマホのような新たなメディアとどのように付き合っていくのかについて、学校と家庭とが協力し合って検討していく態勢をつくり上げることが必要である。その検討を通じてメディア使用に関するルールがおのずと浮かび上がり、ネットいじめの禁止についてもルール化されるだろう。[*20]

（4）いじめ裁判

全国で展開されてきたいじめ（自死）裁判の経過を見ると、学校でのいじめ問題がなぜ裁判所に提訴されるかの理由は共通している。保護者が何度も学校側に説明を求めたにもかかわらず、学校あるいは教育委員会が情報を開示せず、それどころか隠蔽しようとするために保護者は不信感をいだき、裁判所に持ち込まざるをえないと判断するからである。

つまり、いじめ裁判の基本問題は裁判そのものよりも、学校側の初期対応が保護者の思いに応えていない点にある。しかも、民事裁判であるから、賠償金を争う形を取るが、保護者がこだわっているのはお金ではなく、真実であり、何があったのかを知りたいという一点である。民事裁判の場に移行するということ自体が、学校と教師そして教育委員会が、いじめの基本的理解と克服の実践的取り組みに欠けていることを物語っている。ところが、裁判の場でいじめの真実を明らかにするには以下のように限界がある。

いじめ（自死）裁判の主な論点は、①いじめの有無、②いじめが死ぬほどつらい深刻なものであったかどうか、③いじめ死を予見できたかどうか（いじめと自死との因果関係）の三つである。ところが、いじめの定義やその細かな理解について原告と被告の共通認識があるとは限らないから、①いじめの有無という論点からしてきわめて困難であり、裁判官でさえ理解に温度差があって、地裁と高裁の判決に相違が生じたりする。しかも裁判ではいじめを立証できる客観的な証拠が求められるが、論点①～③について明白な証拠を見出すことは難しい。なかでも論点③は率直に詳細に綴られた遺書がない限り、その立証は困難である。

したがって、いじめ問題の解明にとって裁判は馴染みにくい、というのが私の率直な感想である。つまり、司法の世界と教育の世界とは視点も判断も異なる。教育の問題を司法に持ち込むこと自体に困難があるにもかかわらず、司法に委ねざるをえなくなることは、学校教育がその力を弱めている証左である点にこそ私たちは目を向けるべきだろう。

そこで、本来は学校教育のなかで問題を早期に発見し、早期に克服していくべき課題なのだから、司法の三つの論点を借りて言えば、②を常に探ることが最も重要である。つまり、「いじめの有無」に汲々とするのではなく、「被害者はどのようにしてつらい気持ちに陥ってしまったのか」を学級・学校全体で理解し合うことから始めることに大きな意義がある。そうすれば、単なるいざこざとかけんかだと見過ごさずに、相手の立場を理解し、相手のいやがることを自分のこととして感じる態度を身につけ、いじめがエスカレートする前にストップをかけることができるはずである。

いじめ問題の克服と学級・学校づくり

当たり前のように叫ばれるようになった「いじめの根絶」ではなくて、むしろ「いじめの克服」を目指すためには、次の三つの諸課題を追究したい。

一つは事後処理的「対策」ではなく事前予防的「政策」を目指すこと。いじめ問題の解決に必要なのは、その場しのぎの断片的な「対策（measure）」ではなくて、いじめに対する確固たる洞察に基づく明確な方針と長期的展望をもち、学校関係者すべてが共有できるような「政策（ポリシー policy）」である。ポリシーとは国レベルだけでなく、各自治体や各学校での取り組みの基本原理や首尾一貫した方策を指している。ただ、「政策」というと国レベルのものが想起されるので、学校構成員全員で共有する包括的なポリシーを「全校基本政策」あるいは「スクールポリシー」と呼びたい。

二つ目に「反いじめ全校基本政策」の作成である。いじめ克服のスクールポリシーが

「反いじめ全校基本政策」である。この用語表現と考え方はすでに紹介したように、イギリス教育省が一九九四年に発行したいじめ防止ハンドブックのなかで使われていた用語と議論を下敷きにしている。日本初の「いじめ防止法」（二〇一三年）でも「学校いじめ防止基本方針」（第一三条）が定められているのは当然であるが、重要なことは各学校がどのように基本方針をつくり、どう学校運営に生かすのか、という具体的な取り組み方法である。次の三点に留意したい。

①「反いじめ全校基本政策」は事前予防的性格をもつから、いじめ事件が生じていない普段の時期が適切である。たとえば、新たな学校構成員が揃う春の新学期早々に、校長のリーダーシップのもとに学校独自のポリシーを確立するために、全教員が知恵を出し合って「全校基本政策」を検討するとよい。春に赴任してきた教員がその学校の実情を知るうえでも役に立つ。

②この「全校基本政策」は必ず文書の形にまとめる。文書を作成する意義は以下にある。第一にその過程に生徒や保護者を含む学校の全構成員が参加する。第二に生徒会であれ、職員会議であれ、PTA役員会であれ、言いっ放しの会議に終わらせないで、文書という記録作成作業をすることで「基本政策」内容を確実に共有する。その結果として第三に児

童生徒や保護者が教員に連絡しやすくなり、教員も学校へ早期に報告しやすくなる。第四に「全校基本政策」文書作成を毎年春の恒例行事とすれば、いじめの「事件対処型」から「教育対応型」への転換をスクールポリシーとして樹立することができる。

③「全校基本政策」に基づいて学級・学校づくりを進める。「事件対処型」発想では、いじめ問題はあくまでいじめそのものに集中して検討することになる。しかし、意図的であれ無意図的であれ、差別と同じようにいじめが「見下げ、排除する」行為の性質を持つなら、表面的に現れるいじめ行為の背後にクラスや学校での歪んだ人間関係が潜んでいるのではないかと探っていくことこそ大切である。青年前期の発達的特徴の問題性が乗り越えられないいまま、病理的状態に陥り、それが広がっているのではないかと疑うなら、それはいじめ問題に止《とど》まらずに学級・学校づくり全体を見直す課題になっていくはずである。それこそ「教育対応型」の発想にほかならない。

一九八〇年代半ばのある小学校で、転任してきた中堅教師が校長から「まとまりのないクラスを担任してほしい」と告げられて、始業式当日に初めてその六年生のクラスへ行って子どもたちの様子を見たときに「直感」したのが「悪質ないじめが広がっている」という実態であった。その担任が試行錯誤で実践したことは、学級内のルールを明確に伝えること、クラス全体で取り組む課題と各人が取り組む課題を提示すること、保護者との交流広場として学級通信を毎週発行すること、などである。学級崩壊に近かったクラスが立て直されていくとともに、いじめもなくなっていく。[*21]

学級が集団である限り、全体の目標や課題があり、共同活動のなかで各自の役割が与えられ、相互の尊重と信頼に貫かれてこそクラス集団のまとまりがある。いじめはそのまとまりに亀裂が入ることであり、エスカレートすると学級崩壊に至ることもある。逆に、学級崩壊が進行するなかでいじめを伴うこともあるだろう。

最近では、客観的な事実の収集を目的として、いじめ行為に関してアンケートで調べるという方法が広がってきた。しかし、アンケートよりも大事なことは、クラス全体のまとまりの様子を総合的に感覚的に捉える担任教師の「直感」である。日頃から子どもたちの様子を詳細に観察している教師だからこそ瞬時にできる総合的な判断である。それが教育実践に生きる教師の専門的力量でもあるはずである。アンケートが補助的手段ではなくて、実態把握の主要な方法になってしまうとすれば、それも「事件対処型」発想に基づいており、「教育対応型」発想が弱体化していることを示していると言わざるをえない。

以上を要約すると、「教育対応型」のきめ細かな実践を学級・学校全体で地道に展開していかなければ、学校組織の奥深くに潜む暴力の根から病的な芽が自然に出てくることになるだろう。いじめはエスカレートして暴力化し、またもや「事件対処型」の対応に追いまくられることになるのは火を見るよりも明らかである。

Ⅱ

体罰問題を見直す

1　体罰がなぜ深刻な「社会問題」になるのか

世界の「学校と体罰」から見る日本の特徴

日本のいじめは社会問題化してから三〇年余りを経て、「いじめ防止法」が制定される経緯をたどった。一方の体罰は、明治初期に早くも法規が定められて、国の教育方針として学校での体罰を禁止したにもかかわらず、実際には一三〇年以上にわたって体罰は学校で日常的に見られた。その時々に体罰の是非についての議論があったとはいえ、世論を幅広く巻き込む深刻な社会問題となったのは、いじめ問題と同じ一九八〇年代以降であろう。

初めての「体罰禁止」法規は一八七九（明治一二）年の「教育令」で定められた。[*1]

第四六条　凡学校ニ於テハ生徒ニ体罰（殴《う》チ或ハ縄スルノ類）ヲ加フヘカラス

「体罰」という用語は、教育令制定の推進者であった文部大輔・田中不二麿がアメリカ・ニュージャージー州の学校法にある corporal punishment の訳語としてつくったと言われている。当時は世界的に見ても体罰禁止規定はごくわずかの国ないし州に見られたにすぎなかったのに、日本でこんなにも早い時期に定められたのにはいくつかの理由が考えられる。

まず、アメリカやフランスなど先進国での体罰否定の論調の影響を受けたのではないか。また、同じ一八七九年に拷問禁止令を出しているように、日本が文明国であることをアピールするための文言だったのではないか。さらに、欧米のキリスト教的人間観・子ども観が性悪説的であるのと比較して、日本では性善説的な傾向が強いので、体罰禁止規定もそれほど違和感がなかったのではないか、と想像できる。[*2]

次いで一九〇〇（明治三三）年の「小学校令」では、体罰禁止に並んで「懲戒」が規定された。

第四七条　小学校長及教員ハ教育上必要ト認メタルトキハ児童ニ懲戒ヲ加フルコトヲ得但シ体罰ヲ加フルコトヲ得ス

この規定の趣旨は、戦後の一九四七（昭和二二）年に新しく制定された「学校教育法」にも同様に継承された。

第一一条　校長及び教員は、教育上必要があると認めるときは、監督庁の定めるところにより、児童、生徒、及び学生に懲戒を加えることができる。ただし、体罰を加えることはできない。

とはいえ、「懲戒」と「体罰」がどう違うのかは具体的に明記されていないだけに両者を峻別するのは実際には難しい。「小学校令」制定当時から、今日に至るまで一〇〇年以上にわたって両者の差異の曖昧性が続くなかで、体罰禁止と言いながら「懲戒」という目的で実際には「体罰」がおこなわれてきたのが現実であった。その曖昧さが体罰の暴力化をもたらす余地を生み出したと言える。そして、「懲戒」と「体罰」の差異が不明確であることは、具体的な罰行為の種類が曖昧という以上に、より根本的な課題を明確にしていないという重大な欠落を伴っている。

つまり、「体罰」はあくまで罰（punishment または penalty）の方法を指す。ちなみに

penalty だけで「罰金」の意味があり、最も重い罰の方法は「死刑 death penalty」となる。これに対して「懲戒」の英語は disciplinary action に当たる。それはあくまで「規律 discipline」（行為の基準、おきて、秩序）を問う意味合いである。何が求められる規律であり、学校秩序のために従うべきルールは何であるのかを明らかにして、生徒と教師・保護者が納得してそれに従うという意味である。

そうすると、体罰問題はまず何よりも生徒と教師・保護者による「規律」の確認であるはずで、そうでないと罰も下せない。それぞれの学校や地域の違いに応じて、守るべき規律の確立と確認が先決であり、その次に守らない場合の罰の行使がくる。ところが、規律を問うことをないがしろにして、ただ罰の手法ばかりが議論されると、枝（体罰）を見て幹（規律）を見ずということになってしまう。懲戒か体罰かの論議は、肝心の規律と体罰の関係を棚に上げたまま、体罰の是非や細かな罰の方法論議に終始してきた。そのことが一〇〇年以上経っても体罰問題がなかなか解決しない主な理由ではなかろうか。この点についてはは次項でさらに取り上げたい。

許される「懲戒」と許されない「体罰」の違いとは

さて、日本の教育法規では体罰禁止からスタートしたのに対し、世界ではつい最近まで体罰が法規的に認められていた英米やその旧植民地の国々がある。沖原豊の「世界の体罰」研究によると、そうした国々ではキリスト教的人間観が支配的で基本的に性悪説に立つから、人間には悪が潜んでおり、悪を追放するには体罰が必要だと考えられたからである。そして体罰行使の場合には、学校にはケーン（籐むち）やパドル（体罰板）が備えられていて、実際に尻や手のひら（重い苦痛や傷害を与えない部位があえて選ばれる）が叩かれてきた。道具が準備されており、叩く身体部位が定められていた他に、速やかに「体罰報告書」に記録を書き、この報告書を保管することとさえも決められていた。たとえば英国での記録項目を見ると、①体罰をおこなった日時、②体罰の理由、③体罰を受けた生徒の氏名・年齢・学年・性別、④体罰をおこなった校長・教員の氏名、⑤体罰の方法、⑥体罰を受けた親との連絡の有無。[*3]

ここで注目すべきは公的に体罰容認だからこそ、罰の方法にルールが定められていたことである。記録が常に正確に書かれたかどうかは別にして、体罰に教育的効果ありという見通しをもって一定の条件が課せられていた点では有形力行使だったとはしても、そうした「体罰」は「懲戒」の趣旨に近くなる。ただし、この英国でも一九八六年の教育法で体罰が禁止された。

これに対して、日本では最初から体罰禁止規定しかなかったから、それはタテマエになりやすく、実際におこなわれる体罰は野放しの状態であった。もちろん、戦後の新しい「学校教育法」第一一条の体罰禁止規定に関して学校現場から問い合わせが相次いだのだろう、一九四八（昭和二三）年には当時の法務庁が教師の心得として体罰の形態や体罰と懲戒の区別について次のように説明している。[*4]

①用便に行かせなかったり、食事時間を過ぎても教室に留め置くことは、肉体的苦痛を伴うから体罰である。

②遅刻した生徒を教室に入れないで、授業を受けさせないことは、たとえ短時間でも義務教育では許されない。

③授業中に怠けたり、騒いだからといって、教室の外に出すことは、許されない。ただし、教室内に立たせることは懲戒権内として認められる。

④盗みの場合など、その生徒や証人を放課後尋問することは良いが、自白や供述を強制

してはならない。
⑤遅刻や怠けたことによって、掃除当番などの回数を多くするのは差し支えないが、不当な差別待遇や酷使はいけない、など。

以上の説明は戦後民主主義教育の息吹を感じさせるもので、学習権のことも配慮しつつ、児童生徒の人権を尊重する立場から、教師に体罰の具体的形態を細かく理解させる内容である。つまり、身体的苦痛を感じさせない範囲内で、感銘力や説得力のある教育作用を及ぼすような「懲戒」は認められるが、身体を侵害し、教育効果を発揮しえないような有形力は「体罰」として禁止される。したがって理性的な判断を忘れた、感情的で私的な怒りをぶつけるような有形力の行使は明らかに「体罰」となる。

とはいえ、この説明を当時から今日までどれだけ多くの教師が理解できていたかどうかは疑わしい。体罰禁止の法規定がある以上、日常の生徒指導場面で実際には振るわれてきた体罰について、教師たちが学校現場で議論することはほとんどタブーとなってきた。特に生徒が校則を守らず、教師の指示に従わずに荒れているような状況が生じると、「体罰は必要だ」という見方が密かに広がっていった。とりわけ一九八〇年代の全国的な教育荒廃の時期がそうであった。公立中学校で三〇年にわたって教えてきたある女性教師は、体罰をつい容認してしまう学校の土壌について一九八〇年代末に次のように述べている。

体罰を論じあうことは、学校現場ではタブーなのである。体罰をする教師は力もあり、魅力もある場合が多く、おとなしくなった子どもの態度を見て、父母の信頼も厚くなる。そんななかで、さして力量もない教師が体罰否定を口にすることは、自分の居場所を失うことに等しいのだ。……三十年の教師生活を通じて、体罰を正式の議題にして論じあう職員会・職員研修がもたれたことは一度もないのだ。[*5]

こうした野放図な実態のなかでは、体罰はときには暴行や暴言へとエスカレートしやすくなるのは当然のなりゆきである。もちろん、その後さらに三〇年近くが経過するなかで、少しは体罰問題が論議され、体罰事案が教育委員会に報告されるようになり、教師の処分がおこなわれるなど、学校の土壌に少しは変化が見られる。[*6] その最大のきっかけは「はじめに」で【事案2】として触れた、二〇一二年に起こった大阪市の高校運動部で顧問教師の体罰による高二男子の自死事件（以下「大阪市高校事件」）であったと言えよう。

ただし、学校の土壌が完全に変わったと言えるだろうか。教育行政的に処分は避けられないとしても、教師の処分で体罰問題が解決するわけではない。なぜなら、処分を受けて体罰の間違いを当の教師が本当に理解できたか。処分対象にならなかったとしても、体罰場面を周囲から見て知っていた多くの同僚はどうなるのか。それこそ職員会議や研修会でどのように体罰議論を進展させていくのか。大阪市高校事件ではマスコミの取り上げ方が運動部活動やスポーツの世界での体罰問題へと軸足を移していっただけに、クラス内の体罰問題は従来通り棚上げとなってしまっていないか。こんな状態では、事件のほとぼりが冷めた頃に、再び体罰問題で悲劇が起こらないとは限らない。

体罰の否定論と、根強い肯定論

日本での体罰に関する論議の特徴は、法規定を踏まえた体罰の否定論に対して、実際の日常生活では体罰は不可避という肯定論ないし容認論を伴うことが過去から一貫している点である。それは学校内だけでなく家庭内での体罰も絡んでくるだけに、世論も反対と賛成の二つに分かれる傾向がずっと続いている。ただ、最近の変化で言えば、正面切って体罰賛成を言いにくい雰囲気は少しずつ広がりつつある。

とはいえ、体罰に対する反対と賛成という立論はもともときわめて粗っぽいものである。たとえば、体罰に教育効果があるのかどうか、体罰で子どもとの信頼関係はどうなるのか、体罰と懲戒をどう区分するか、叱るだけでなく誉めることはどうなるのか、などきめ細かく検討していくことにこそ意義があるにもかかわらず、きわめて単純に二つの結論のどちらが正しいかといった二者択一的で平板な議論が一〇〇年間も同じように繰り返されてきた。そうした経過を具体的に二つの事例で見てみよう。まず、大正末から昭和初期の時期での一事例である。

新潟師範学校から東京商大教員養成所を卒業したあと、各地の中等学校で教えたある教師は、自分史のなかで体罰論争について記している。一九二五年から一九三三年まで八年間勤めた北海道の中学校での職員会議で、「文化の進んだ現代吾々人類の武器は言論であって爪牙《そうが》ではない」と体罰否定論を主張したところ、次のような体罰肯定論が返ってきた。

それは理屈だ。理想論だ。……親なら、目に余ることがあれば、殴ってでも、蹴ってでも直してやろうとするだろう。本当に子どもを良くしてやろうという熱意があれば、殴られずには居られまい。止むに止まれない、親の愛情の発露だと、俺は信じる。

悪い生徒は鉄拳を振るってでも、良くしてやろうという位の熱意を教師は持っていいと思う。[*7]

この体罰肯定論の趣旨は、教師のなかに隠されたホンネ部分や世論のかなりの層に今もなお支持される内容だと言ってよい。それを裏づけるようなもう一つの事例を挙げよう。

◉【事案6】東海地域中学校体罰事件経過（一九九六年）

一九九六年一月に東海地域のある公立中学校で体罰事件が起こった。この体罰事件の経過には体罰反対論と賛成論のせめぎ合いが見られた。そこで、経過を六つの局面に整理する。[*8]

（1）体罰の発生

中学一年の男子生徒が、宿題が未提出であるなどの理由により、他の生徒がいる前で学年生徒指導担当の男性教諭（三二歳）に蹴られ、机に頭を何回も打ちつけられて、さらに頬を繰り返し叩かれた。耳が聞こえなくなったので病院で診てもらったところ、内耳振とうと診断された。翌日この生徒は顔を腫《は》らして登校したが、気分が悪くなり早退した。

（2）学校の事後処理

学校長から報告を受けた市教委は「非違行為（体罰）報告書」を作成して県教委に提出するとともに、校長が本人と保護者に謝罪し、教師は厳重注意を受けた。報告書には「生徒が努力して課題を完成させようとする意欲が感じられず、つい感情が高ぶり、髪の毛を引張って数回机にたたきつけ、手で頬を叩いた。生徒は手で耳をかばったが、今後計画的に課題を提出するよう強く意識させるあまり、耳に当てていた手をさらに何回も叩いてしまった」などと書かれていた。

（3）保護者の抗議

同じクラスの母親たちは、県教委に「報告書」の公開請求をおこない、部分公開された。ところが、その内容は子どもたちの話と大きく食い違っていた。第一に体罰の仕方が実際には暴行というべきものであったのに、報告書では「数回」程度の軽微な体罰としてしか扱われていないこと。第二に「課題を完成させようとする意欲が感じられず」とあるが、実際には前日の深夜まで取り組んだが分からず、当日も友人に質問していたところだったこと。第三に「指導が熱心」という教師評であるが、実際には少しのことでもすぐ怒り、よく殴る先生、と評する子どもたちもいること。第四に前任校でも体罰を繰り返していること。こうして保護者は学校への不信感をつのらせた。

（4）新聞報道と体罰観の表明

二ヵ月後にこの体罰事件が新聞で大きく報道されると、保護者から学校に問い合わせの電話が相次ぎ、学校は臨時生徒集会を開いて、校長は「あってはならない体罰があり申し訳ない。二度とこのようなことがないようにしたい」と生徒に謝罪し、体罰を振るった教師も壇上で「もう二度としません」と謝った。こうした経緯が連日、新聞に報道されるなかで、臨時PTA集会が開かれた。学校や教師の責任を追及する意見がある一方で、「先生は萎縮しないで子どもを殴ってください」という体罰容認の声も相次いだ。市議会でも質問が出され、教諭は自宅待機が命じられた。

（5）相対立する二つの請願

その後、市教委には正反対の内容の二つの請願が出された。一つは被害生徒の同級生の母親から「体罰教諭の懲戒処分」を求めるものであり、もう一つは他の保護者たちから「教諭の一刻も早い復帰」を求めるものであった。市教委は「自主的な判断で対応する」とし、二つの請願をともに不採択とした。

（6）処分

事件の新聞報道から約一ヵ月後、県教委は最終的にこの教諭を三ヵ月の停職処分、校長を指導監督が不十分だったとして文書戒告処分とした。しかし、子どもの人権を考える市民グループは、三ヵ月の停職では軽すぎると批判した。

以上のような経緯をたどったこの事件から約二〇年を経た今日では、どのような状況になっているであろうか。大阪市高校事件を経た今では、（4）にあるような臨時の生徒およびPTA集会は即刻開かれるだろうし、（5）の局面が出現するまでもなく（6）の処分に至るのではないか、と想像される。それだけ教育行政や世論による体罰への見方が厳しくなっているからである。しかし、（4）に示されているような体罰容認の声は今もなお世論の底流に流れている。それに、（2）のような学校側に甘い事後処理は今なお実際にありうるだろう。

いずれにしても、体罰をめぐっては反対論と賛成論のせめぎ合いが教師の一部や広く世論のなかにも生じるだけに、メディアは大きく報道し続け、体罰問題は社会問題として続いていくのである。

2　体罰問題の捉え方は変化しているか

「評価の時代」の体罰の意味

最近になって体罰への見方が厳しくなっている、と述べた。大阪市高校事件を契機にして、これまでほとんど見落とされていた学校の運動部活動（さらには女子柔道などスポーツ界）での体罰がクローズアップされることになったのもその一つの現れである。クラス内の体罰と違って周囲からは見えにくいという事情のほかに、そこには一般的な体罰とは異なる側面があることに注目したい。単に校則に反するからとか、指導者の指示に従わないからだけではなく、「評価の時代」に置かれたスポーツの競争主義ゆえの体罰という別の側面である。この側面では体罰もやむなしという容認がはたらきやすかったと考えられる。「評価の時代」とは、グローバル化が進み競争が激しい現代社会では、すべての活動が評価にかけられ、順位づけられる。しかも「ランキング」が広くメディアを通して発表されて権威性を帯びるために、活動の目的が「評価」に収斂《しゅうれん》していくような傾向をもつ時代の性格を指している。「評価」をめぐる「競争主義」が教育全体にも及んでいくのが現代の特徴である。*9

運動部活動がスポーツを楽しみながら心身を鍛錬し、仲間との集団連帯性を培《つちか》い、中・高校教育に相応《ふさわ》しい人間形成に寄与するというよりも、競技で良い成績を挙げて学校のランキングを上げることが目的に転換しやすい。いうまでもなく運動競技はもともと競争という性格を持っているが、結果として勝ち負けや順位が伴うというよりも、最初から勝つことや学校ランキングの上位に入ることが自己目的となる「競争主義」に貫かれてしまう。

そこで、競技大会の成績を上げるために、さらに優勝に向かって「活を入れる」「根性を入れ換える」「性根を叩き直す」と叫ばれて体罰が行使され、部員が黙々とそれに従うという構図となる。体罰を当然とする練習法は、指導者と被指導者の対人関係を具体的に見直すコーチング理論など最近のスポーツ心理学の知見に基づく新しい方法からすれば、いかにも古めかしい軍隊訓練のような精神主義に彩られている。しかし、この古めかしい方法も、学校ランキングで上位を目指すことが至上目的とされる限りは正当性が付与されやすい。たとえ表向きは体罰否定が謳《うた》われていても、実態としては体罰を容認する空気が醸成されてしまう。それもまた学校組織に潜む暴力性にほかならない。公立中学校の運動部活動で起こった体罰が民事裁判となった次の事案も典型的なものである。[*10]

◉【事案7】関東地域中学校運動部員体罰事件（一九八四年）

一九八四年、関東地域の公立中学校の男子バレーボール部で生徒体罰事件が起こった。男子バレーボール新人戦の市大会、第一試合終了後のミーティングで、一時間に近い接戦の結果、二対一で辛勝した試合内容に腹を立てた顧問教師は利き腕である左の手でいきなり各選手の右頰を叩いた。原告の一人である中二生徒は左側頭部の後ろ付近がコンクリート柱の壁面に衝突した。顧問教師は本人の状態を確かめもせず、次の試合にも出場させ、下校させるまで何ら配慮をしなかった。体罰の結果、本人は頸椎《けいつい》捻挫の傷害を負い、後遺症として頭痛、めまい、頸部の痛み、手足のしびれなどの症状が生じた。

判決では、顧問教師の行為は違法な体罰であるとし、第一試合の結果に「焦りの感情をそのまま原告らにぶつけたにすぎないと認めるのが相当」と断じた。そして、殴打によって壁面への衝突が「予測できる態様であった」としたうえで、顧問教師が「本件行為について校長に報告することもせず、原告の両親に知らせることもしなかったばかりか、本件行為後原告に直接謝罪したこともなかった」こと。しかも顧問教師は「本件中学校在任中に少なくとも十回以上は生徒を殴ったところを目撃されている」こと。当該中学校では「複数の教師により、体罰もしくは体罰の外形をとる生徒への暴行等の行為が行われていたものと認められる」こと、についても厳しく指摘している。

この【事案7】には、試合終了後の適切な指導助言とは何か、頭部打撲後の適切な処置とは何か、そして教師の間違いについてはどのように謝罪するか、という基本的な諸問題が含まれる。さらに体罰は学校全体で取り組むべき課題であり、校長の責任とともに、教師一人ひとりの教育観や生徒間の見直しが要請されている。

さて、大阪市高校事件では運動部活動やスポーツ界の体罰問題や指導方法全体の方に焦点化されてしまい、メディアが扱う議論もそこに局所化されていった。しかし、そのような問い方では、もともと学校内でタブー視されてきた体罰問題はなおタブー視そのものが生き残っていくことになりかねない。やはり運動部活動に限らず、学校内の一般的な体罰問題として検討し続けるべき課題なのである。

「愛の鞭」を再考する

運動部活動では「競争主義」が体罰の正当化に使われがちだったが、正当化と言えば学校と家庭の双方で、以前から一貫して使い古されてきた用語がある。「しつけ」と「愛の鞭」である。しかも両者は「守らないと（大人が言うことに従わないと）いけないことを身体に覚えさせる」という趣旨では同様である。この用語が体罰を正当化するために今もなおしばしば使われる点では、体罰の捉え方は昔から変化していないと言ってよい。

（1）「しつけ」

特に家庭では「しつけのために体罰は必要」とよく言われる。その体罰がときに暴行にエスカレートすることがあり、虐待となることも稀ではない。虐待ではないかと児童相談所や警察から問われた父母が「しつけのため」と答えることは珍しくない。ところが、その場合の「しつけ」の意味を勘違いしていることはほとんど取り沙汰されないから、ここで明確にしておきたい。

たしかに、しつけは「躾」という和製漢字が当てられるように、礼儀作法を厳しく教え込むといった意味で受け止められがちである。ただそれは室町時代以降に武士階級で使われ始め、その後は豪農や豪商の上層家族に浸透していったようである。それに対して、大多数の庶民の間で広く言われ続けてきた「しつけ」は厳格で口やかましく教え込むものではなく、一人立ちできるように手を掛けて、無意識に体得させるというほどの意味である。

柳田国男監修『民俗学辞典』によれば、庶民が使った「しつけ」とは人を一人前にすること、またその訓練をいう。しつけの眼目は、仕事の諸能力、人との交際の仕方など、生活上のさまざまな知識・技術あるいは生活に対する見方、考え方を幼い頃から自分の目・耳・心を通じて学び覚えさせることにある。[*11]

つまり、自分で実際に生活をするなかで失敗を繰り返し、ときには注意されながら身体で覚え込んでいくことが子どもにとっての厳しさであり、大人が口で厳しく言うことではなかった。和裁で「しつけ糸」を使うが、その役目は合わせた布がずれないように仮糸を通しておき、縫い終わったら仮糸を引き抜く。しつけ糸は正しく縫い上げる補助の役目である。したがって、しつけの元来の意味に従えば「しつけのために体罰は必要」というのは、体罰を正当化するための屁理屈であることが分かる。

(2)「愛の鞭」

「鞭」は性悪説的人間観に立つ欧米で、子どもを罰して悪魔を追い払うために認められた道具の一つであった。そこで「愛の鞭」の思想史的背景を理解するには、何よりも聖書が手がかりとなる。たとえば旧約聖書「箴言《しんげん》」は、未熟な者に熟慮を教え、若者に知識と慎重さを与える内容となっているが、そこでは鞭と諭《さと》しについて、次のように書かれている。

「子は父の諭しによって智恵を得る。不遜な者は叱責に聞き従わない」(箴言一三−一)

「鞭を控える者は自分の子を憎む者。子を愛する人は熱心に諭しを与える」(箴言一三−二四)

「悪を蒔《ま》く者は災いを刈り入れる。鞭は傲慢を断つ」(箴言二二−八)

「若者を諭すのを控えてはならない。鞭打っても、死ぬことはない」(箴言二三−一三)

「鞭打てば、彼の魂を陰府《よみ》から救うことになる」(箴言二三−一四)

これらの文言を何度も読み返すと、「愛の鞭」の意味するところがおのずと浮かび上がる。それは若者が不遜や傲慢といった愚かさに陥らないように魂を救い出すための諭しの方法である。「箴言」の全体は、「智恵」や「見識」に対して「無知」や「愚かさ」を「諭す」というキーワードが何度も登場する。重要なのは何のための「愛の鞭」かという目的に主眼が置かれていることである。しかも、「鞭打っても死ぬことはない」とも書かれているように、鞭打ちは身体に大きな害を与えないような配慮がなされている。ところが俗に言う「愛の鞭」は悪の内容を問うことはせずに、ただ鞭という「方法」が独り歩きする。大阪市高校事件では自死を生じさせるに至らせたから、決して聖書の言うような「愛の鞭」ではない。

先ほど引用した、戦前の中学校での職員会議で体罰を擁護する主張と比べてみよう。「目に余ることがあれば、殴ってでも、蹴ってでも直してやろう」とか、「子どもを良くしてやろうという熱意があれば、殴られずには居られまい」といった論法には「目に余ること」が何であるか、「良くしてやる」とはどんなことかについては何も触れていない。ただ、「殴る」ことが強調されているだけである。つまり体罰の目的は明らかではなく、ただ方法としての体罰が提起されているだけで、「箴言」の趣旨とは異なることが分かる。これは「懲戒」と「体罰」との違いに関して述べた、「規律を問うことをないがしろにして、ただ罰の手法ばかりが議論される」という問題と重なる。

このように見てくると、「愛の鞭」は体罰にとって都合の良い正当化の文句として利用されているにすぎないことが分かるだろう。つまり、「愛の鞭」が叫ばれるときは、大人の意図を実現しようとして、子どもを強力に統制しようとする際に持ち出す魔術のようなことばとなっている。意図の内容は問わず、あくまで強力な統制の実現に力点が置かれているのである。

体罰と懲戒を区別する

これまで学校現場で体罰問題はタブーとされたと言われるように、正面切って議論されることはほとんどないくらいだった。ただ、少しでも論議されたとすれば、それは体罰と懲戒をどこで線引きするかという点である。戦後新たに制定された学校教育法第一一条で懲戒が規定され体罰禁止が謳われた直後から、この点に全国の学校から質問が出されてきた。すでに紹介したように、一九四八（昭和二三）年に法務庁が具体的な体罰方法と許される懲戒方法について説明したのがその始まりである。それから六〇年以上経た今の時代になっても、大阪市高校事件の際に同じような質問が文科省や教育委員会に対して全国の学校から繰り返されたことは、これまで体罰論議の蓄積がなかったことの証左である。

体罰問題が大きくなっていくと、「体罰」ということばの意味が異常に膨らみ、生徒の身体に手を触れるだけで「わーい！　体罰だ！」と生徒から騒がれると、教師はうろたえてしまい、文科省に「どこまで許されるのか」とつい質問しがちになる。事実、体罰か懲戒かの線引きがどれだけ微妙であるかを如実に物語る最高裁判決が二〇〇九（平成二一）年四月に出された。これは体罰に関する初の最高裁判決だっただけに、今もなお言及される判例なので詳細に見ておきたい。*12

◉【事案8】最高裁「小学生体罰」判例（二〇〇二年）

小学校での教師の体罰を認定した一審二審を破棄して、逆に体罰ではないとの判断を示した点で注目に値する。体罰と懲戒の線引きの難しさを如実に物語る。

（1）事実認定

二〇〇二年一一月、小学校の休み時間に六年生女子数人が廊下を通りかかったとき、そこにいた二年生男子A男が同級生男子一名とともに休み時間に廊下でじゃれつくように女子たちを蹴り始めた。これを見た三年の男性担任B師はこれを制止し「このようなことはしてはいけない」と注意した。二人の間にはそれまで面識はなかった。B師が職員室へ行こうとしたとき、A男は後ろからB師のでん部付近を二回蹴って逃げ出した。B師はこれに立腹してA男を追い掛けて捕まえ、洋服の胸元を右手でつかんで壁に押し当て、大声で「もう、すんなよ」と叱った（以下、この行為を「本件行為」と言う）。

A男は帰宅してから夜の一〇時頃に大声で泣き始め、母親に対し、「眼鏡の先生から暴力をされた」と訴えた。その後A男は夜中に泣き叫び、食欲が低下するなどの症状が現れ、通学にも支障を生ずるようになって病院に通院して治療を受けるなどして、これらの症状はその後徐々に回復し、A男は元気に学校生活を送り、家でも問題なく過ごすようになった。

その間、A男の母親は長期にわたって小学校の関係者等に対してB師の本件行為について激しい抗議行動を続けた。

（2）体罰の認定

原審では本件行為が社会通念に照らし教育的指導の範囲を逸脱するものであり、学校教育法一一条ただし書により全面的に禁止されている体罰に該当し、違法であると判断した。その理由は、胸元をつかむという行為はけんか闘争の際にしばしば見られる不穏当な行為であり、手をつかむなど、より穏当な方法によることも可能であったはずであること、またA男とB師との年齢差や身長差さらに両名にそれまで面識がなかったことなどに照らし、A男が被った恐怖心は相当なものであったと推認されること、などである。

しかしながら、こうした原審の判断は是認することができない。その理由は、次の通りである。B師の本件行為は、児童の身体に対する有形力の行使ではあるが、他人を蹴るというA男の一連の悪ふざけについて、これからはそのような悪ふざけをしないように指導するためにおこなわれたものであり、悪ふざけの罰としてA男に肉体的苦痛を与えるためにおこなわれたものではないことは明らかである。B師は自分自身もA男による悪ふざけの対象となったことに立腹して本件行為をおこなっており、本件行為にやや穏当を欠くところがなかったとはいえないとしても、本件行為は、その目的、態様、継続時間等から判断して、教員が児童に対しておこなうことが許される教育的指導の範囲を逸脱するものではなく、学校教育法一一条ただし書にいう体罰に該当するものではないというべきである。したがって、B師のした本件行為に違法性は認められない。

さて、この【事案8】の最高裁判決で問題は決着したかというと、決してそうではないと私には思える。その理由として以下の三つを挙げたい。

①「胸元をつかむという行為はけんか闘争の際にしばしば見られる不穏当な行為」であるとの原審での認識について、最高裁も「本件行為にやや穏当を欠くところがなかったとはいえない」と同意し、「児童の身体に対する有形力の行使」だったと認めている。ただ最高裁判決は「本件行為は、目的、態様、継続時間等から判断して、教員が児童に対しておこなうことが許される教育的指導の範囲を逸脱するものでは」ないと判断した。つまり「教育的指導の範囲」を逸脱するかしないかが判決の分かれ目である。「悪ふざけをしないように指導する」という目的と、本件行為の表面上観察できる様態等をどれだけ考慮するかどうかによって合法か違法かが分かれるとすれば、これは裁判官によって見方に差異が出てくるだろうし、かなり主観的判断が入らざるをえないのではないか。

②「教育的指導の範囲」というのであれば、もっと論じるべき点がある。A男はまだ小学二年生である。「悪ふざけ」をしやすい年頃であることはプロの教師なら子どもの発達段階の基礎知識として持っているはずである。ましてや初対面の児童であるなら、その子をもっと理解していないとその子の行動の意味が分からないということも教職者の基礎知識のはずである。とはいえ、一度注意したにもかかわらず、やってはいけない「人を蹴

る」行為を今度は自分に向けてきたわけだから、B師が「立腹」して「追い掛けて捕まえ、洋服の胸元を右手でつかんで壁に押し当て、大声で「もう、すんなよ」と叱った」B師の対応は理解できなくもない。

たしかに、感情的に叱るか、それとも冷静に叱るかの是非は個別の状況によって異なり、法規的な文章のように罰の一般的な基準で簡単に示しえない。冷静に叱るのが基本ではあるが、感情的に叱った方が説得性を増す場合もある。ただ、感情が昂じれば暴力化へのリスクを常に伴うから、そのリスクを避けるには、何のために叱るかという確固とした目的と、相手を見定めて叱る方法の冷静な判断を必要とする。当然ながら子どもの発達段階で異なる。A男の「悪ふざけ」行動には注意してもすぐに直らない幼い攻撃性が滲み出ていた。他方、A男が「暴力をされた」と受け止めたように、B師の叱る形態も面識のない小学二年生にとってはやはり乱暴すぎたのであろう。

要するに、「本件行為」が体罰であるか否かの認定論議よりも、この廊下でのA男の未熟な攻撃性を帯びた「悪ふざけ」に対してどのような教育指導がなされるべきであったかという具体的な教育論議の方が、より根本的な課題であったはずである。この事案は、法廷での議論内容よりも以前に学校内で検討すべき点が多々ある、というのが私の見解である。

③とりわけ、やってはいけないことをしてしまった際に注意するときの罰のあり方がもっと議論されるべきだろう。それは懲戒の方法をどうするかという基本的な論点に結びつく。しかし、この論点に関して全国の学校内での率直な議論の蓄積はないに等しい。「体罰」ということばを使えば、禁止されている罰行為だから、それ以上に議論は進まなくなる。そうであるなら、合法的な「懲戒」ということばで積極的に議論してはどうか、と考えたくなる。これは後で取り上げよう。

以上の三点を総合してさらに一般化して端的に言えば、体罰問題は裁判には馴染まないと私は考える。なによりも、体罰についての裁判官の考え方や感じ方にかなり相違がある。それは、体罰行為が現実には多様であり、該当場面の個別状況により細かく異なるにもかかわらず、学校教育法第一一条の体罰禁止規定はあまりにも簡潔すぎる文章なので、いかようにも解釈できる余地があること。そして、各体罰行為が多様な状況の下にあり、子どもや教師の心理の奥深いところにも問題が潜み、行為の違法性を証明できる客観的な証拠や証言が得られにくいこと、などによる。もちろん、客観的な証拠や証言が明らかで犯罪として立件される暴行のような刑事裁判の場合は別である。以上のことはいじめ問題にも共通して言えることである。

それではなぜこの事案が最高裁まで審理されるに至ったのか。それは次のような教育上の不十分さがあったのではないかと想像する。A男がおもわず「暴力をされた」と訴えてしまった場面と彼の普段の様子について、B師と子どものクラス担任そして校長・教頭・教務主任・学年主任が話し合い、廊下でのルールも含めて子どもと母親に具体的状況と学校の教育方針を十分に説明できていたか。家庭でのA男の細かな様子について親の話に耳を傾けながら、子どもの心のケアに学校としてどれだけ努力したのか、という点である。ところが、母親からの教師の「暴力」という強いクレームに対して、おそらく学校側は「体罰」うんぬんに気をとられるあまりに、クレーム対応に失敗した結果としての民事裁判だったのではないか。つまり、これは体罰問題で争う事案ではなく、学校と保護者が教育指導をめぐる相互理解を率直に交流し合ったかどうかが問われるケースだったのではないか。

いじめ裁判と同じように体罰裁判にも言えることは、被害者の子どもや保護者が最初から裁判に訴えることはまずない。学校に子どもの様子について質問や相談をしているのに応答がなかったり、事態の説明が不十分だったりするために、保護者が学校に不信感を抱き、やむをえず民事裁判で明らかにするほかないと思い至るケースがほとんどである。つまり、体罰やいじめの有無そのもの以上に、子ども・保護者と学校の関係に生じた齟齬《そご》が事案の本質なのではないか、ということである。

3 体罰の仕組みはどうなっているか

「権力」関係と「権威」関係

禁止されている体罰を、実際には教師がしばしば加えてきたのはどうしてか。それは家庭でも親が体罰を加えがちであることと共通する原因が考えられる。つまり、大人と子どもの関係に潜む「権力」関係である。「権力」という用語は一般に曖昧に使われているので最初に明確にしておきたい。「権威」との相違に注目するとよく分かる。

「権力（power）」関係と「権威（authority）」関係は混同されがちであるが、両者はまった

図Ⅱ－1　「権力」関係と「権威」関係

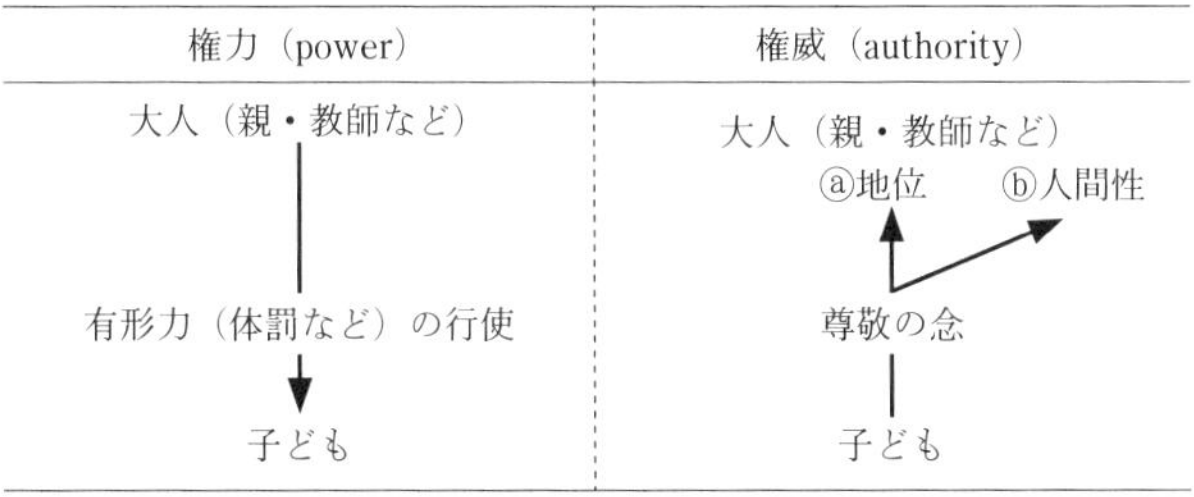

く異なる。権力とは国家レベルでは軍事力や警察力・法的制裁によって、身近な生活では体罰や強い叱責などによって、上位者が無理やり従わせる関係である。それに対して、権威とはそうした強制力なしに下位者が自発的に従っていくという関係である。平たく言うと「言うことを聞かせる」関係と「言うことを聞く」関係の違いである。[*13] 権力が上位者から下位者へと力が流れるのに対して、権威は下位者から上位者へ尊敬の念が注がれるという点で方向は正反対である。つまり、権力者は物理的な有形力を保持しているのに対して、権威者は何らの物理的力も持たないにもかかわらず、下位者に慕われ、敬意を払われることによって権威を与えられるのである。そこで、両者の関係を図示すると図Ⅱ－1のようになる。[*14]

　さらに細かく検討すると、権威の源泉には二つが区分される。一つは、ある地位にいるから自然に権威が与えられるケースで、「教師（親）だから尊敬する」という通念である。

さまざまな教師（親）がいるから、なかには尊敬できない場合もあるが、それでもやはり尊敬すべきだと判断されるのが「地位」に由来する権威である（図のⓐ）。

しかし、これまでのような明確で一般的な「地位」的権威は現在揺らいでいる。民主的で平等という人間関係観が、どの人も同じ地位といったごく通俗的な意味合いで広がり、少子化のなかで子どもを大事にする（しすぎる）態度からは、地位の上下関係が弱まる傾向をもたらすのだろう。そこで地位的権威とは別に想定できるのが個々の教師（親）の「人間性」が権威の源泉となる場合である。それを二つ目の「人間性」的権威と呼んでおこう（図のⓑ）。

たとえば、教育困難な中学校の教師の場合、頑強で指導が厳しく、強い叱責などでにらみがきく男性教師（生徒指導主任に就くことが多い）に生徒が従わざるをえないケースと、やさしくて華奢な感じさえする女性教師にいわゆるワルの生徒さえもが自発的に従っていくようなケースを想像すると分かりやすいだろう。前者は「権力」関係であり、後者は「人間性」的「権威」関係である。後者の場合は、その教師にどこか生徒を引きつける魅力があり、それが権威を感じさせる源となっている。

以上のように整理すると、近年よく言われる教師の「権威の失墜」といっても二つの意味が考えられる。一つは「権力」を保持できない、あるいは保持しているにしても実際に行使できなくなったという意味である。体罰ができないのが権威の弱体化だなどといわれる場合がそれであるが、それは権威ではなく実は権力のことを述べているにすぎない。次に地位的権威が落ちたという意味である。多くの議論はこの場合を指していて、教師や親であることだけでは子どもはあまり言うことを聞かなくなったという場合である。

後者について、子どもが教師や親を敬うように教育すべきだと叫ばれたりする。しかし、その叫びは地位的権威を強制しているようで、どこか権力に近い。権威の源泉として「ⓐ地位」が効力を失ってきたとすれば、新たに「ⓑ人間性」の方を考慮するほかない。たとえ大人と子どもが平等であるかのように考えられても、また教師－生徒や親－子が友達同士のように考えられるようになったとしても、人間性的権威関係は保持されるだろう。とはいっても、それは大人にとって難しい課題である。あくまで子どもの方が魅力を感じるわけで、大人自身が魅力をつくり出そうとしても子どもに伝わるとは限らないからである。

ただ、各大人が自分の知識や技術、経験を踏まえ、自分の成功談や失敗談、そして自分自身の信条や子どもを公平に思いやる気持ちや願いを率直に語り、示していくことは、おそらく子どもにとって魅力に映るのではないだろうか。要するに大人が自分自身の生身の人間性をありのままに子どもたちに提示することは必ずや子どもたちに伝わっていくはずである。その後で子どもがどう判断するかは子ども自身に委ねられるわけで、大人の考えに無理に従わせていこうとすれば、権力のにおいを感じる子どもたちから反発が返ってくるだろう。

そうは言っても、学校の校則を守らず、教師の指示に従わない荒れた子どもがいるような場合、やはり権力を行使することが表面上の学校（学級）秩序を咄嗟《とっさ》に回復する早道となってきた。また、教師が自分の考える指示にすぐさま子どもを従わせるには即効性のある体罰を加えることが無意識的に選ばれてきた。学校組織を運営管理するためには、教師という上位者と子どもという下位者から成る集団として構成される以上、ともすると権力関係に陥りやすい。

最小限の「管理」ではなく、管理を教育の目標にするような最大限の「管理主義」の学校運営を取れば、間違いなく権力関係がはびこり、そこにはおのずと有形力行使の体罰が生じ、それが日常的になればエスカレートして暴力化していくのは必然的流れである。一九八〇年代の「荒れた学校」がそうであった。教師の体罰に反発する生徒が教師に暴力を振るい、それに対して教師がさらに体罰で返すという悪循環が全国的に繰り返されたのである。そうした流れに抗するには、権力関係と権威関係の相違を明確に意識し、権威関係を創造できるように、一人ひとりの教師が生身の人間性を子どもや保護者に提示していく努力を重ねる以外にないだろう。

大人の「支配欲」が子どもに向けられる

体罰は学校の問題であるとともに、家庭の問題でもある。したがって、広く捉えると大人と子どもの関係の問題である。違法と言われながらも、「愛の鞭」とか「しつけ」のため、あるいは「競争に勝つ」ためといったさまざまなことばで正当化してまでも、大人が子どもに体罰を加えるのはなぜか。いったい何のための体罰なのだろうかと改めて問い直すと、「子どもの支配」という大人の心の奥底に潜む素朴な欲望に行きつく。しかも大人自身は支配だとか欲望だとかはまったく意識していない。あくまで子どものためと信じ込んでいるところにからくりがある。この点にするどく切り込んだのが、精神分析家のアリス・ミラーである。

ミラーが意図したのは、主に家庭で親が幼児に対して教育する仕方に何が潜むのかを解明することであった。ほとんどの親が子どもを「従順」にさせようと教育する仕組みは何に由来するのか、そして、そのように育てられた子どもに何が起こるのか、という問題である。ミラーは次のように述べて議論をスタートさせる。

教育者というものはいつの世でも子どもの感情の激しさ、意固地、わがまま、「強情さ」を何よりもいやがるものです。いく度となく繰り返して、従順教育はどれほど早く始めても早過ぎることはないと言われています。[*15]

この「従順教育」とは、大人による子どもの支配であり、「権力関係」を推進することにほかならない。日本での常套句で言えば「良い子に育てる」であり、それは「従順な子に育てる」と実質はほとんど違わない。子どもを育てるという目的を掲げながら、実は大人自身が抱え込んだ密かな不安感や不満足を子どものなかに投影して、それを取り除こうと鞭を振るうのだ、とミラーは大人の深層心理を描き出す。この深層心理は日本の親にもそのまま当てはまるだろう。大人による子ども支配の仕組みをミラーは次のように書いている。

子どもは最初から一定方向にもっていかねばならないという信仰は、そもそも教育する側の、自分自身の内部にあって自分を不安にさせるものを分離し、なんとか自分の力の及ぶ対象に投射しようという欲求から生じたのです。子どもの持つ素晴らしい可塑性《かそせい》、融通性、無防備性、そして子どもはいくらでも利用できるという事情のため、子どもは大人の投射にとって格好の対象となります。こうして大人は自分の中の敵をやっと自分の外で追い回すことができるようになるわけです。[*16]

体罰によって叩き出そうとするのは、子どものなかの敵というよりも、親の奥底に巣食う敵なのである。本当は自分で自分を叩くべきなのに、それを子どもに転嫁して子どもを叩いているにすぎない。こうした親子関係について、ミラーはアドルフ・ヒットラーの成育史を通してさらに深く分析する。

大人の「自己愛」

ヒットラーの家庭は「絶対王政の典型」であり、「血なまぐさい支配者」であった父親の下で、妻と子どもたちは「完全に服従」しなければならなかった。「従順こそかれらのもっとも重要な生活方針」だったのである。そうした家庭で受けた精神的外傷を、後にヒットラーは全ドイツ国民に転嫁するとともに、ユダヤ人の大量虐殺へと突き進むことになった、とミラーは解釈する。[*17] 親の暴力が子どもを深く傷つけ、その子どもが内なる敵を追い出そうとして、次世代に対して暴力を行使する。家庭から学校へと舞台は変わっても、体罰による暴力と世代を超えた連鎖の仕組みは同様である。ミラーは続けて論じる。

……教師というものは非常にしばしば父親の代理として自分の生徒を折檻《せっかん》し、それによって自分たち自身の自己愛的安定を図るものです。
アドルフの父親が死んだ時、父親はすでに息子の中に内在化されていたし、その後は教師たちが父親代理として名乗り出てきたのです。[*18]

そこで、大人の「支配欲」をさらに突きつめると、愛情を注ぐ本当の対象は子どもではなく、実は大人自身であることに思い至る。真相は子どもが可愛いのではなく、自分自身が可愛いのである。もちろん、それは無意識の世界の現実で、本人はそんなことはまったく思ってもいない。それが大人の「自己愛」ということになる。この自己愛についてはさらに説明が必要だろう。

自分を愛する気持ちは誰もがごく自然に持ち合わせているものだが、ここで注目するのはあまりにも自己愛的性向が強すぎるケースのことで、自己陶酔と訳される「ナルシシズム」として強調される場合である。ギリシャ神話に登場する青年ナルキッソスは、その美しい容貌から池に映る自分の姿に見惚れているうちに衰弱して死んでしまう。彼亡きあとの水辺には一輪のスイセン（学名Narcissus 自己愛の象徴）の花が残された。

乳幼児が抱く「自己愛」は、親などの重要な他者から愛されることによって満たされ、「対象愛」へと移行する、対象愛は同性愛から異性愛へと発達する、とフロイトによって主張された学説はよく知られる。よく愛された者ほどよく人を愛することができるとするなら、問題となるのは他者から愛されなかった場合には自己愛に固着してしまうことである。しかも、その場合の自己愛は、他者に目を向けることなしに自分のことで精一杯という状態で、自分を本当に愛することさえできていないことが多い。

以上のように自己愛が歪んだ場合を踏まえると、もしかすると子どもへの支配欲とは対象愛へ移行できていない大人が、自己愛さえ十分に達せられないまま、その欠損部分をもがきながら穴埋めしようしている苦悶の姿なのかもしれない。当然のことながら有形力で権力を行使する以外にない。しかもその行使は止《とど》まるところがない。ミラーに従うなら、ヒットラーはその最も極端な人物だったと言うことができる。

さて、青年前期の特徴に由来するいじめについて述べたように、大人の体罰も自己愛が歪んだ成人期の「人間の本性」が思いがけず発現する行為である。その奥深い人間の本性に冷静に目を向けて、その成り立ちを解き明かすことなしに、問題を把握することはできないだろう。問題を適切に把握せずに、ただ表面的に「体罰（いじめ）をなくす」などと、ことばだけのスローガンを叫んでも、完全な問題解決を遂げることは難しい。私たちが「人間の本性」をどれだけ見つめられるかが問われている。

人間の本性に潜む攻撃性

私がそうした視点の重要さに最初に気づかされたのは、I部で述べたように、一九九〇年代半ばにイギリスの初等学校と中等学校を訪れて校長や副校長といじめ問題について懇談するうち、「人間に関する深い洞察」が求められると目を開かされたときであった。「『善』も『悪』も持ち合わせる人間そのものを見つめる深いまなざし」を培《つちか》うことは、子どもの本性だけでなく大人の本性についても言えることである。

学校組織は多くの子どもと大人が生活する場であるだけに、その奥底には子どもと大人の生々しい人間の本性が潜んでいて、子どもは子どもなりの、大人は大人なりの攻撃性を秘めながら、小さな暴力の根が隠れている場だと考えるべきである。とはいえ、学校を理想的に捉えるなら、そんなことは思いもよらないことだろうし、暴力の根を見なければ見ないで済ますことはできよう。しかし、一九八〇年代に生じた「荒れた学校」のさまざまな事実に明らかにされたように、そして当時ほどでないにしても今もなお部分的に見られる学級崩壊や校内暴力の現実に示されているように、種々の潜在的な攻撃性に根ざす小さな暴力の根からいつ芽が出てくるかもしれないという仕組みを想定せざるをえないのである。そうであるなら、普段から「学校と暴力」の問題意識をもって、根から芽が出てくるかもしれないことを見落とすことはできない。

4　体罰問題をどう克服するか

「体罰」に代えて「懲戒」を使おう

いじめの密かなサインは細かく注意しないと気づきにくいが、体罰の場合は周囲が容易に気づく。それでも体罰は学校の秩序維持にとって容認すべき行為と判断し、体罰だという自覚を持たないか、あるいは分かっていても見て見ぬふりをすることがこれまでの常であった。いじめ問題と同様、体罰問題でも学校の「初動」が肝心である。学校の最初の動きが鈍ければ、体罰の場合もエスカレートして暴行事件に至り、子どもや保護者との信頼関係は崩壊し、あとの事件処理に学校は最大の労力と時間を費やし神経をすり減らすことになってしまう。

「初動」の「危機管理」をするためには、学校組織の奥底に暴力の根が潜んでいるという認識を日頃から念頭に置くことが求められるだろう。そうした認識がなくて、平和な学校といった理想の学校像の視点で目の前の実態を眺めている限り、いじめと同様に体罰の芽に対する「初動」は必ず遅れてしまう。そしてこれまでの多くの事案で示されてきた通り、体罰事件がメディアや世論の批判にさらされ、学校組織が大きく動揺するなかでおもわず事件を隠蔽してしまうことも多かった。

それでは、体罰問題をどのように克服すればよいのか。それはこれまで論議されることなくいい加減に済まされてきた課題が何よりも重要である。つまり、問題の立て方やことばの使い方について基本的な見直しをすることである。

これまで長期にわたって続く体罰に関する論議が常に反対論と賛成ないし容認論を伴って堂々めぐりを繰り返してきたのは、「体罰」ということばを使うこと自体に原因があった、と私は考える。それはどうしてなのか、三つの理由を挙げたい。

一つは、立たせる指導から、平手打ちにする暴行まで実に多様な行為が「体罰」として一括して語られるためである。二つ目は、体罰が学校教育法で禁じられているために、体罰はあってはならないと思い、実際に見ても見ないようにするというタブー化を招いてしまうからである。三つ目は、否定する裏側で体罰を肯定する主張が根強いためである。手っ取り早く学校秩序を保つには、体罰は一時的に効力を発揮し、腕力のある教師が生徒指導担当になり、叩くことで子どもが仕方なく従うと「愛の鞭」とされ、体罰反対の教師は何も言えなくなり、そして正面からの議論が封印されるのである。

ここで、学校教育法第一一条を再び確認しておこう。「教員は懲戒を加えることができる。ただし、体罰を加えることはできない」との条文のなかで、主な用語は「懲戒」であり、「体罰」はあくまでただし書きで副次的な用語である。ところが、「学校教育法施行規則」で高校（そして大学）について規定されている停学や退学、訓告といった制度（第二六条「懲戒」）のイメージしかないためだろうか、前者の「懲戒」はほとんど検討されず、もっぱら後者の「体罰」ばかりが議論されてきたのはどうしてなのだろうか。

しかも、体罰と懲戒を天秤にかけて、その具体的な行為形態をあげつらって比較するだけでは、懲戒の目的や方法、教育効果、子どもとの信頼関係といった基本原理に踏み込んだ議論には至らないから、それほど意義があるとは思えない。それこそ、体罰が事件として社会問題化され、保護者からのクレームを恐れすぎるあまりに「事件対処型」発想法に陥って、本質的課題に立ち向かわずに、具体的行為形態の是非だけにこだわるという事なかれ体質に染まってしまっているからだろう。こうした不毛な事態に陥らないためには、思い切って「体罰」ということばを使わないようにすればどうか。「体罰」を使わないときにようやく本当の議論が始まる、とさえ思える。

懲戒のガイドラインをオープンに決める

そこで、「体罰」に代えて「懲戒」を使うことを提案したい。価値判断や感情的反応と直結する「体罰」に対して、「懲戒」は中立的で客観的で冷静なニュアンスがあるから、「懲戒」を使えばタブーとされていた議論を正面から始められると思うからである。「懲戒」について自由に討議すれば、教師個人の裁量で閉鎖的におこなわれてきた体罰をオープンにすることができるだろう。

そして、これまで「体罰」と呼ばれてきた行為については「暴行」と明確に表現するようにする。なぜなら、聖書の世界でも、欧米の学校で体罰が許されていた場合でも、傷害を及ぼす危険性が高いために手を出さない頭部や顔を殴るのが日本での多くの体罰であったからである。「暴行」（さらに「暴言」を加えてよい）と表現することが体罰行為の意味づけの曖昧性を払拭《ふっしょく》する手立てとなる。つまり、「懲戒」と「暴行」（そして「暴言」）で議論するのである。そうすれば、体罰と懲戒の区別を問うことも不要となる。

用語を確定した後は、「懲戒」の目的や方法などについて、学校ごとに職員会議や職員研修の場で、子どもの実情に応じて以下のような点をめぐる議論をおこなう。「学校ごと」というのは、落ち着いた学校（クラス）と荒れ気味の学校（クラス）とでは取り組みが異なるだろうし、そうした状態も二〜三年でそれぞれ変化することがあるだろうからである。それに、定期異動で教職員構成が変わるから、毎年のように議論を組み立て直す必要がある。とにかく、次のような諸点をめぐって各教員が率直に感想や意見を出し合い、それまでの体罰をめぐるタブー的な雰囲気を打破していく。

①各学校（クラス）ではどのような子どもに育てたいか。教育目標は何か。それに対する子どもの実態はどうであり、目標に沿った課題は何か。課題を達成するために、学校生活でいかなる規律を設定するか。中核となる規律は何であり、その下でどのように細かなルールを決めていくか。

②どのような状況で、いかなる理由で、どのような「懲戒」を具体的に行使するか。

③行使を決定するのは誰（どの集団）で、誰がどの場所で実際に行使するか。

④その教育効果はどうであると予想されるか。実際にはどうであったか。

⑤「懲戒」を対象生徒や周囲の生徒はどう受け止めたか。

⑥①〜⑤の「懲戒」過程をどのように記録するか。その記録をどう活用するか、など。

以上のような論点に沿って、検討すべき内容はさまざまである。たとえば、授業中に私語の絶えない子を何度注意しても改めないとき、教室の後ろに立たせることに効果があるか。まじめに取り組まない運動部員に校庭を走らせるのは適切か。そうした指導を一つひとつ、職員会議や校内研修で検討し、各学校で最低限許される「懲戒のガイドライン」をつくるのである。このガイドラインづくりは次の四つの特徴をもつ。

第一に、「体罰」が教師個人の裁量内で閉鎖的に恣意的におこなわれてきたとすれば、「懲戒」は、いい学校（クラス）をつくる目標に向けて、学校（クラス）全体で討議していく手立てにほかならない。この取り組みは「懲戒」過程を学校全体にオープンにする。

第二に、懲戒と体罰の行為が互いにどう違うかといった表面的な枝葉に囚われるのではなく、何のための何を目指す「懲戒」なのか、「懲戒」の結果がどうであったかの教育効果を検証するといった教育実践の根幹を探ることを主眼とする。

第三に、「「懲戒」過程を学校全体にオープンにする」ことは、いうまでもなく児童生徒や保護者にも何らかの形で議論の輪を広げていくことになる。「規律」内容や「懲戒」の目的や方法などについて全校の理解が得られるように広報したり、クラスの保護者会で話し合ったりする機会を設けることもあるだろう。

第四に、「懲戒のガイドライン」づくりは、「教師のエンパワーメント」を果たすことが最終目的でもある。「エンパワーメント」とは、何らかの問題が障害になって人間や組織に本来備わった力が低下しているので、その問題を明らかにして解決に向かうなかで内なる力を取り戻すという意味である。[*19] このことについて、補足して説明したい。

教育のプロであるはずの教師が体罰と懲戒の区別について、文科省（あるいは教委）の指示を仰ぐとは何を意味しているだろうか。目の前の子どもをどう育てるかということよりも、保護者からクレームをつけられたくない、訴訟を起こされたくない、裁判で争いたくないといった心理の方が先立つのかもしれない。今、教室はかつてとは違った子どもの多様な現実で満ちている。次々に対応を迫られる問題が生じる現実にどう対応すればよいのか、多くの教師は戸惑い、もがき苦しんでいる。もしかしたら、見通しをつけられない教師が不安感や無力感から上の組織の指示を求めているのかもしれない。

しかし、それでは教師がプロではなくなる。教師全体で教育目標と規律と懲戒について各学校で自由に議論することは、単に懲戒の問題に止《とど》まらず、その議論を通じて教師の資質・能力を互いに向上させ、「体罰」論議が障害となって隠されてしまった教育実践者の力を取り戻すことでもある。

これまでにも「体罰を許さない学校づくり」が何度も叫ばれてきた。しかし、このスローガンは「ではどのような視点で学校づくりに取り組むのか」「具体的にどう実践するのか」について実はまだ何も語っていないと私には思える。それは「体罰」ということばが邪魔をしていること、そして「懲戒のガイドライン」づくりの筋道が示されていないことによる。

冷静に叱り、感情的に誉める

さて、いくら合法的な用語だとしても、「懲戒」では堅苦しい感じがあり、罰のニュアンスが強くて馴染みにくいと言われるかもしれない。そこで、もう一段上の視点から広く「懲戒」を捉え直してみよう。それは「誉める・叱る」ことである。この点に気づかされた私の経験を紹介したい。

大阪市高校事件をきっかけに、体罰が社会問題として大きな論議を呼んでから三ヵ月ほど経った二〇一三年四月に、たまたま愛知県内のある小学校を訪問する機会があった。教員養成の諸課題について校長にインタビューするのが目的であったが、職員室に入ったとたん、正面の連絡用黒板の上に大きな掲示があるのが目に飛び込んできた。掲示には次のような標語が大きく書かれていた。

冷静に叱り、感情的に誉めよう。

「冷静に」は青色で「感情的に」は赤色で強調されている。こんなに大きな掲示が頭上に下がっているのを職員室で目にするのは初めての経験だったので、立ち止まって見入っていると、校長が笑いながら説明してくれた。「以前から抱いている私の教育信条の一つです。大きな掲示にしたのは、職員室を一日に何度も出入りする教員が否応でも毎日のように目にするうちに身体に染み込んで、子どもに対応するときの当然の行動基準となってくれればという願いからです。青色と赤色の使い分けは本校教員のアイディアです」

この標語を見てから考えたことが二つある。

(1)「冷静に」と「感情的に」について

子どもが取ったある行動が良くないと感じたときに、教員の感情が昂じて叱るとつい手を出してしまう危険性がある。その危険性を防ぐために「冷静に」を常に心がける必要があるという意味はすぐに伝わってくる。体罰が合法化されていた欧米の国々では体罰の方法が規定されていたから、その規定に沿うことが冷静さを保つことにもなっていたのと比べると、体罰が非合法ゆえに教師個人の裁量に委ねられざるをえなかった日本では個人的感情に左右されやすい性質をもつから、このような標語があえて掲示されることになる。そして、誉めるときは「感情的に」というのは、日本では日常的にそれほど意識されないだけに意義が大きい。

この標語を見てから四ヵ月経った夏休みに、幼小中高の教員計約五〇名が集まった教員免許更新講習で私が話す機会があり、「評価」をテーマに講じるなかで、この標語について紹介した後、受講生の意見を求めた。

幼稚園からは次のような意見が出た。「すべての幼稚園でそうだというわけではありませんが、わが園では「叱る」ということばを使いません。園児はまだ生活のルールが身についていませんから「注意する」です。大人が叱ったら、小さな園児ですから恐怖を感じて保育にはなりませんから」

中学校からは次のような意見が出た。「中学生に対して叱る場合は感情を込めないと伝わらないこともあります。「先生は本当に怒っている」と受け止められないと、生徒は規律を守らないこともありますから。それに、教師が感情的に誉める場合、それが周囲から見られたとき、その生徒は特別視されて周囲から浮き上がってしまう場合もありますから、感情を込めるなら、誰も見ていないところで、個人的に誉めた方がよいでしょう」

この中学校からの意見については確認しておくべきことがあろう。「叱る」と「怒る」とは違うとよく言われる。「叱る」はあくまでも冷静であり、「怒る」は感情が昂じた状態である。「先生は本当に怒っている」と中学生が受け止めるとしても、ベースはやはり冷静に「叱る」であって、最初から「怒る」では体罰に走らないとも限らない。

いずれにしても、これらの意見に共通するのは、「叱る・誉める」ことは対象とする子どもの発達段階の特徴を見据えて、相手の反応を予測しながら細心の配慮が求められることである。すなわち、あくまで教師の側でなく子どもの側に立って、教師が取るべき行動を咄嗟に判断する大切さである。反対に、教師の立場で判断すると「体罰」に陥りやすいと言える。

幼稚園や中学校からの意見を斟酌《しんしゃく》すれば、職員室に掲げられた標語は小学生に相応《ふさわ》しいものなのかもしれない。しかし、この標語は「叱る・誉める」の一般的原則を示しているのではないだろうか。この基本原則に沿って、子どもの発達段階や個別の状況の違いを見極めて具体的に対応行動を工夫することの大切さに思い至るのである。これまで繰り返し大騒ぎしてきた「体罰」の是非論や体罰と懲戒の線引き論に比して、「叱る・誉める」をめぐるごく基礎的で自由な議論があまりにもなさすぎたのではないかと感じる。

(2)「誉める」ことについて

「懲戒」にとって重要なのは何よりもまず「規律」を明確にすることであるなら、規律違反に対する「叱る＝罰」だけでなく、規律順守に対する「誉める＝賞」も同じように話題になってしかるべきである。「賞と罰」によって規律は再確認され、子どもたちはその規律におのずと従いながら、動機づけられて自立に向けて成長していくはずである。ところが「罰」ばかりが取り沙汰されて、「賞」についてはあまり話題にならない。もちろん「誉めて育てよう」というスローガンも耳にするが、育て方の基本方法として主張されることで、「規律」に対する「賞と罰」という文脈で言われるのとは違う。

どのように「誉める」のかについても、さまざまな手法があることはすぐに思いつく。口で言う(どんなことばで、どのような口調で)、紙に書く(短く、あるいは長く)、肩をポンとたたく、笑顔を返す、何かのご褒美をあげる、などなど。つまり言いたいのは、「規律」

「賞」「罰」の全体を視野に入れるのが本来の教育方法であるのに、「規律」に言及しないまま、ただ「罰」とその方法だけをうんぬんするのは、教育方法の議論としてきわめて歪んでいるということである。そんな歪んだ方法で効果的な教育ができるだろうか。たしか江戸時代後期の国学者である塙保己一《はなわほきいち》が残したことばだったと思うが、「五つ教えて、三つ誉め、二つ叱れ」という古い教えがある。「教えて」というのは生活の知恵についてであり、許容と非許容の基準についてであろう。それを踏まえての誉めることと叱ることである。しかし現実はそれとは違い、「五つ叱って、三つ教えて、二つ誉め」というのが実態なのではないか。基準も示さず、誉めることもせず、むやみに叱ってばかりでは子どもたちは「ムカつく」ほかはない。

日本の子どもたちは外国の同年代と比べて自己評価が低く、自信がなく、自分の価値がないと思っている傾向が強いことがしばしば指摘される。たとえば、日本青少年研究所が二〇一〇年に実施した日米中韓四ヵ国の高校生計七二〇〇人を対象にした国際比較調査でも、「私は価値のある人間だと思う」と答えたのは、米国（八九・一％）、中国（八七・七％）、韓国（七五・一％）に対して日本（三六・〇％）は最下位で、各国の半分以下であった。また「自分が優秀だと思う」と答えたのは、米国（五八・三％）、中国（二五・七％）、韓国

（一〇・三％）に対して日本（四・三％）はきわめて低い。[20]

こうした調査結果は、長い経済不況期のなかで自信を喪失した大人の反映だったかもしれず、将来に確固たる見通しが持てない青少年の意識が投影されているという解釈もできるだろうが、むしろ「罰」ばかりが強調され、「規律」や「賞」の方があまり注目されないというアンバランスな子育て風土と関係しているように思われてならない。

「追いつめる叱責」と「育てる叱責」

さて、「体罰」は有形力の行使であるが、有形力が直接行使されたわけではないのに、子どもが自死に追いつめられたと考えざるをえないケースが「指導死」と呼ばれるようになった。その呼び名は一般に流布した用語ではなく、研究上の専門用語でもない。それは二〇〇七年から遺族である親の会によって名づけられた新語であるが、いじめ・体罰問題を含めた「学校と暴力」を考えるうえで無視できないので触れておきたい。「指導死」の意味の概要は以下のようなものである。

一般に「指導」と考えられている教員の行為により、子どもが精神的あるいは肉体的に追い詰められ、自殺すること。

指導方法として妥当性を欠くと思われるものでも、学校で一般的に行われる行為であれば「指導」と捉える（些細な行為による停学、連帯責任、長時間の事情聴取・事実確認など）。……（指導から自殺までの時間が短い場合や、他の要因を見いだすことがきわめて困難なもの）。[*21]

このような「指導死」と思われる事件について新聞などの報道をもとにまとめると、一九五二年から二〇一三年までの約六〇年間に計六八件（うち五件が未遂）起こっているとの集計もある。校則違反などで何らかの指導を受けたケースであるから、家族が口にしない場合も考えられ、報道されていない事件も合わせると実態はもっと件数が多いだろう。それらのうち、遺族によって状況が詳しく記録されているケースを一つ紹介する。

◉【事案9】九州地域中学生「指導死」事件（二〇〇四年）

九州のある県の中学二年のG男はサッカー部に所属し、家庭では次男で、元気でやんちゃな少年であった。二〇〇四年三月一〇日、掃除時間に友達にライターを見せているところを担任に見つかる。担任はトイレの掃除用具入れにG男を入れて注意し、そこでポケットに入っていたタバコが見つかる。放課後に残るように言われる。午後四時半頃に担任によって窓にアルミ箔が貼られた三階の多目的室へ連れて行かれ、喫煙について書くように指示される。担任は多目的室を出ていき、一人になる。五分後に戻ってきた担任は、G男のメモを見て友達の名前を聞き出す。「両親は知っているのか。一緒に家に行き、報告しよう」と言い、学年主任を呼ぶため、再び多目的室を出て行った。G男はこの間に遺書の走り書きを書く。多目的室に入ってきた学年主任に対し「トイレに行きたい」と言い、了承されて教室を出る。トイレと反対方向に進み、階段を上がって四階の手洗い場の窓から飛び降りた。午後五時三〇分だった。

中学校から「G男が校舎四階から落ちたので病院に行ってください」と母親のケータイに連絡があった。驚いて病院に駆けつけると、医師から「死亡の確認をお願いします」と告げられ、何のことか分からなかった。その後、警察に移動し、父親も加わって調書がつくられた。深夜一二時近くになって、学校から「これから行くので待っていて欲しい」と連絡があった。病院にも来なかったのにどうして今頃と学校への不信感がつのった。父親が担任をはじめ教育委員会など何人もの学校教育関係者と会った。担任は謝罪したが、事情は警察で聞いたこと以上には分からなかった。翌一一日、大学病院で行政解剖がおこなわれ、警察は自殺との結論を出した。遺書と思われる走り書きには「オレにかかわるいろんな人　いままでありがとう　ほんとうにありがとう　○○（友達の名前）、りょうしん、ほかのともだちもゴメン」と書かれてあった。[*22]

この【事案9】から浮かび上がる主な論点が三つある。一つはタバコという違法で校則違反に対する指導や叱責の方法である。二つ目は他の友達の名前を聞き出していることである。三つ目は保護者に不信感を抱かせ続けた学校や教育委員会の態度についてである。ここでは最初の二点についてだけ述べたい。

（1）指導・叱責方法

未成年の喫煙という違法で校則違反への懲戒である。体罰が加えられたという記録はない。ただし、その方法にはいくつかの問題がある。①トイレの掃除用具入れという狭い空間に閉じ込めて注意するのは異常ではないか。②アルミ箔の貼られた多目的室で一人にされたとあるが、アルミ箔が貼られたというのは外から見ることができない部屋だと思われ、密室のような部屋が喫煙の経緯を聞き出す空間として適切か。③一人にしておいてよかったか。それでなくても叱責の緊張が高まる場面であるから、教師‐生徒関係を大事にしながら率直に話し合って注意を続けることが必要であり、待たせるのなら、職員室を利用した後、別室に移る方法もあったのではないか。④担任一人が相手でよかったか。他の教師が立ち合うべきではなかったか。⑤喫煙にはそれなりの理由が背景にあるはずである。たとえば、家族関係や勉学、将来の進学・進路の面で不満や不安を持っていて、そのはけ口にしたのかもしれない。いじめに見られる勢力行使と同じく、大人ぶって強く見せたがったのかもしれない。あるいは、友達が吸っていて単に好奇心から真似しただけなのかもしれない。いずれも子どもから大人への過渡期である青年前期特有の不安定さに由来することはおおよそ想像がつく。悪いことと知っているはずなのに何がそうさせたのか、についてそれなりに探っていくのがG男の評価にとって不可欠のはずであるが、そうした指導の経過が踏まれたか。

⑥以上を総合して、懲戒の場の環境や方法が適切でなく、生徒を立ち直らせるというよりも、校則を守らせることが自己目的になっており、「権力」関係が前面に出ているように感じられてならない。G男の場合だけでなく、最小限の「管理」というより最大限に近い「管理主義」が学校組織全体に幅をきかせていたのではないか、とさえ感じられる指導実態である。

(2) 友達の名前を聞き出したこと

なかでも気になるのが、友達について聞き出している点である。もしかしてこの中学校では喫煙が広がっていて、担任は他に吸っていた者を割り出そうとしたのかもしれない。しかし、教師も当然心得ているはずの発達心理学の常識であるが、中学生は友人関係がきわめて大切になる年頃であり、告げ口を強要されたのだとしたら、それは大人の想像以上に大きな苦痛となる。その感情が遺書メモに滲み出てはいないか。

この事案の事実経過について明らかにするのはここでは限界があるので、これ以上は立ち入らない。ただ、この事案から懲戒にとって一般的な課題を導き出すことはできる。それは何のための懲戒なのか、という根本的な問いであり、「子どもを追いつめる」叱責か、それとも「子どもを育てる」叱責か、という点である。たしかに喫煙は非行の始まりとよく言われており、校則を守り、法を守らせることが教師にとって重要な指導であることは言うまでもない。しかし、教師が「守らせる」のか、生徒が自発的に「守ろうとする」のかの仕組みは異なる。「守らせ」て円滑に実現できればよいが、「守らせる」勢いが昂じると、「子どもを追いつめる」結果をもたらす。そこに体罰がなかったとしても、体罰と同等の行為になっていると言える。「子どもを追いつめる」圧力が生じれば、それも学校組織の奥底に潜む暴力の根から芽が出た具体例にほかならない。

この【事案9】の場合、懲戒の緊張があまりにも強まり、友人関係をないがしろにせざるをえなかった負い目を悔み、親だけでなく皆に申し訳ないと自ら追いつめていって、青年前期の不安定さに揺れる中学生に特徴的な衝動的行動に走ったとしたら、結局は指導の目的を達成できない皮肉な結果となる。しかも決して取り返すことのできない自死へと結びついたとしたら、安全であるはずの学校の存立基盤を崩壊させ、子どもたちと保護者をはじめ世論の学校への信頼を完全に裏切ることになってしまう。

つまり、何のための叱責か、何のための懲戒か、という根本こそ常に問われ続けなければならないのである。「子どもを育てる」叱責とはどのようなものかという重要な課題について改めて探究する必要がある。

「叱責」ということば

ところで、体罰が当たり前とされた時代に、「叱責」について深く捉えていた教師がいた。一九一〇年代から一九五〇年代まで鳥取県や岐阜県などの小学校で生活綴方《つづりかた》を実践した峰地光重《みねじみつしげ》である。晩年の彼は広島大学教育学部から優れた教育実践に与えられるペスタロッチ賞を受賞した際の記念講演で、「叱責」について以下のようなエピソードを交えて語っている。

二年生の育也と節雄が放課後に清掃作業の当番に当たっていたのだが、その二人が腰かけたままサボっている。峰地は「当番ならば、おそうじするのがつとめだろう」と「抗議」する。節雄は動き始めたが、育也は動かなかった。「わたしは腹にすえかねるものがあったが……ことさらに、それを問題にしなかった」。そして、話は次のように続く。

> それから三日目のことである。育也ははげしい腹痛をうったえだした。……なんと二十センチもあると思われる大きな蛔虫《かいちゅう》をはきだしたのである。……胃壁をつつかれたのであんなに苦しかったのか。……あのそうじ当番の日、育也がどうしても、腰をあげて来なかったのは、身体の調子がよくなかったのが原因だったろう。わたしは抗議をいっただけで、なにひとつ小言や、叱責を与えなかったのはよかった、としみじみと考えこむのであった。
>
> その次の日、育也は、わたしのところによってきて、いった。

「先生、このあいだ、おそうじしなかったことごめんね。きょうはぼくひとりでやるからね」

わたしは、育也をひきよせて、頬ずりでもしてやりたい気持ちに駆られたがじっとこらえた。[*23]

峰地がこだわるのは、教師が「指導意識」を過剰に発揮しがちなことへの危惧であった。現代も今なお生きる実践者という視点から峰地光重を発掘した、教育方法学研究者である豊田ひさきは「抗議」と「叱責」というキーワードに注目して、次のように解き明かしている。

「叱責」という言葉は、もともと立場の上の者が下の者がしでかした失敗などを非難し、叱ること。それに対して、「抗議」には、互いの立場が同等か、あるいは下の立場の者が上の立場の者に対して「異議申し立て」をするというニュアンスがある。教師と子どもは同等の立場ということを若いころから一貫して実践してきた峰地だからこそ、言える言葉であろう。[*24]

当時の時代背景を考慮すると「教師と子どもは同等の立場」という捉え方からは、少子化が進む現代の家庭や学校で広がる「同等の立場」という上滑りで俗っぽい理解とは異なる深遠な教育思想を見て取れる。

いずれにしても、懲戒といい叱責といっても、その中核は子どもと大人の関係である。したがって、問われているのは子どもの言動でなく、むしろ大人自身の言動であり、態度であり、自己愛も含めた大人の奥深い内面そのものなのだ、ということに気づかない限り、体罰問題は決して解決しないだろう。

Ⅲ

「学校と暴力」を考える

1 安全なはずの学校でなぜ暴力が生じるのか

校内暴力問題に向き合う

さて、「学校と暴力」という深刻な教育問題が如実に出現するのは何と言っても「校内暴力」である。なかでも特筆すべきは、一九八〇年代初頭に三重県尾鷲《おわせ》市で起こった尾鷲中学校校内暴力事件である。市教育長の要請を受けて出動した警官隊が校内暴力を鎮圧するという、義務教育史上稀有な事件だったからである。しかもそれ以後、全国の中学校を中心に校内暴力が広がり、大きな社会問題として注目され、一九八〇年代を通じて「学校（子ども）の荒れ」や「教育荒廃」が大きく叫ばれる最初のきっかけとなったからである。

当時、私は三重大学教育学部に勤務して六年目のことで、この事件と向き合わざるをえなかった。そのときから「学校と暴力」という問題意識を抱くようになり、それから三〇年以上にわたって私はこの問題に密かにこだわってきた。それだけに、いじめ・体罰問題もその視点から捉えようとすることになる。
　この校内暴力事件をもう少し詳しく眺めてみよう。一九八〇（昭和五五）年一〇月二七日の夕方、知人の新聞記者から私の研究室に電話が入った。電話口から慌しい雑音が伝わってくるので何事かと思ったら、警察署からかけているとのことで、「尾鷲中学校で校内暴力事件が発生し、警官隊が校内に入った」と知らせてくれた。その後の情報を整理すると、次のような状況であった。

◉【事案10】三重県中学校校内暴力事件（一九八〇年）

　三重県南部の漁業基地である尾鷲市の市街のはずれにある尾鷲中学校は、生徒数一一〇〇名余り、学級数二六で、生徒と教師の関係や教師相互間の意思疎通がうまくいきにくいというマンモス校にありがちな特徴をもち、しかも夏休み明けから一部の生徒と教師の対立が続いていた。五時限目の授業が終わったとき、授業をさぼってたむろしていた十数名の生徒たちが、注意をした数名の教師を取り囲んで不平不満をならべたてて詰め寄った。興奮した生徒の一人が教師に摑みかかり、別の教師が制止しようとして混乱状態となった。生徒の数が増えて職員室や校長室になだれ込もうとする。校長らの説得も功を奏せず、すでに学校に詰めて様子を見守っていた市教育長は警察に出動を要請、私服警官三人が校舎に入り、制服警官四八人が校舎を取り囲んで、騒ぎはようやく収まった。

義務教育の場に五〇人近い制服警官が入るという学校教育史上例を見ない事態は全国に衝撃を与えた。世論は一方で暴発する中学生への不安を表明するとともに、他方では学校と教師への不信感を強めていったのである。

I部で触れた【事案5】のような恐喝犯罪化するいじめを防止するには、警察の力を借りる必要が出てきたように、今日では警察との連携は学校が地域とネットワークを形成する際の一機関として、それほど抵抗なく受け入れられるようになっている。深夜に盛り場を徘徊する少年少女に関わることができるのも警察であり、学校教師が深夜の学校外で生徒指導をするのは無理なことを想起しても、学校教育にとって警察の重要性は理解できる。しかし、一九八〇年当時は、「取り締まる」任務の警察と「教え育てる」任務の学校とは根本的に異なるという認識が学校側に強くあり、学校は警察とは一線を画する姿勢が一般的だった。

それだけに、学校側が要請して警察力を導入するなどということは、学校の任務を放棄するに等しいことを意味した。教師を目指す三重大学教育学部の学生の一人が「これほどまでに学校は無力なのか。教育が分からなくなりました」と頭を抱え込んでしまったほどである。尾鷲中学校事件以降、全国で校内暴力が広がって「教育荒廃」が大きな社会問題となっていった。なぜ、一九八〇年代に校内暴力が拡大していったのか、各学校はどのような取り組みで校内暴力を収めていったのか、その過程で分かったことは何か。以下の二点に絞ってまとめてみたい。

(1) 校内暴力の時代背景

暴力行為をはじめ、登校拒否(のちに「不登校」と広く呼ばれる)やいじめなど表面に現れる個別の問題行動につい気を取られてしまうが、時代背景の特徴に注目しないと「教育荒廃」を理解することはできないだろう。端的に言えば、一九七〇年代半ばに生じた日本社会の大きな構造的変化が深く関わっている。それは一九六〇年代から急速に進展した高度経済成長がピークに達し、産業社会は「消費社会」(「大量生産・大量消費・大量廃棄社会」)の段階に突入するという時代の大転換である。青少年が消費主体として大事に扱われるようになったこともあって、かれらへの大人の寛容な雰囲気がつくられていく。

そして、子どもや若者に対する見方の変化だけでなく、家族や地域社会、情報環境などでも激変が生じた。つまり、新たな社会が「私生活中心」「欲望」「消費」「現在中心」といった諸価値を追求し始めたのに対して、学校は以前からの「共同的連帯」「禁欲」「勤勉」「将来志向」といった伝統的価値を担い続けたから、そこに大きな乖離《かいり》が生じたと言える。

当時は校門での「持ち物検査」が一斉に広がった。それは新たな社会の諸価値との乖離に無自覚なまま、消費社会化の大波に対して取った学校側の無意識の防衛だったのではないか。本来なら、乖離を直視したうえで、それに対して学校が担ってきた伝統的価値を検証しつつ、新たな社会のなかでどのような形で伝統的価値を継承しうるのかを各地域の実情に即して見直し、新たな時代の学校の価値を目指す行動方針を立てることが求められていたはずであった。

しかし、当時の社会変化が急激だったため、学校のあり方を広い視点から深く検討する余裕すらなく、ただ「持ち物検査」という緊急措置を取らざるをえなかった。しかも、生徒の野放図な行動を教師は力で押さえ込もうとする。体罰も含む権力的な「管理主義」教育である。しかし、それに対して生徒はいっそう反抗するようになり、教師への暴力へとエスカレートしていった。

さらにまた、急速に学校教育が拡大していくなかで、学校の意味に変化が生じたことも見落とせない。高校進学率は一九六〇年の五七・七%から一九七五年には九一・九%へ急上昇して高校は義務教育に近くなり、大学（短大を含む）進学率もその同じ一五年間に一七・二%から三四・二%へと急増した。[*1] この急増のなかで、学校で学ぶことや進学の意味も大きく変化する。なかでも高校進学は進学したいという「自らの希望」から、進学せねばならないという「周囲からの圧力」を強く受けるように変化した。この新たな変化が中学生や保護者、そして教師にさまざまな面で影響を及ぼしたことは想像に難くない。

子どもにとって、学校とは異なる居場所が家庭であるはずなのに、家庭でも勉強や成績、進学が常に話題となっていく。「勉強さえしてくれれば」と親が願うほど、各家庭独自の方針に沿った生活全体を通しての子育て力は後退し、家庭は「疑似学校」のように変質してしまう。それに、尾鷲中学校の場合は別に込み入った事情があった。衰退傾向の第一次産業である漁業の後継者育成を目指して「漁師になってくれれば」と、親は子どもの言うことを何でも聞き入れる寛容な態度を示しがちであった。

尾鷲中学校事件を眺めるだけでも、「校内暴力」は学校規模が大きすぎて生徒と教師の関係が円滑にいきにくいことや、進学に備える試験勉強中心の授業といった、単なる学校環境だけでなく、広く家庭や地域を含む社会全体の変化にも目を向ける必要があることが分かる。

とはいえ、学校現場で生じる個々の問題現象そのものに目を奪われる大人たちは「今の子どもは怖い」と不満や不安をつぶやき、その対処に苦慮する学校と教師に対して不信の感情を「教師バッシング（叩き）」として突き付けていくことになる。「教育荒廃」を乗り越えるために、戦後教育の全体を見直しつつ教育改革の総合的諸施策の立案をはかる目的で、当時の中曽根康弘首相の主導により臨時教育審議会（臨教審）が設置されたのは、尾鷲中学校事件から約四年経過した一九八四年であった。その広範な審議のなかには教員評価を厳しくする政策の検討も含まれていた。

（2）校内暴力からの学校再生

さて、校内暴力の嵐が吹き抜けるなか、学校は再生に向けた実践的取り組みも全国各地で展開していった。尾鷲中学校の教師たちも、事件後一週間かけて事件の総括をおこない、警官隊導入は「教師の敗北」であることを認め、新たな教育への発想の転換をはかった。

四〇時間近く積み重ねられた職員会議は、教師全員による緊迫した校内研修であったろう。新たな教育への発想とは、暴れまわる生徒の「外面行動」に振りまわされて、管理主義的指導ばかり繰り返していたことが逆に生徒の教師不信を増幅させていたことに気づき、生徒の「内面世界」を見つめることへの転換であった。当時三年生担任であった川上敬二教諭は事件から約三年を経て刊行した詳細な実践記録のなかで次のように述べている。

非行児たちのもつ閉鎖性や敵意のなかに入りこみ、個別的に接近することをはかった。……生徒との対話の機会をみつけ生徒の内面に入りこむ努力をしながら、彼らの言い分を嘘やへ理屈と知りつつ、それが生徒自身の論理であるなら、まずそれを聞き、その論理に働きかけて正すべきは正し、鍛えることに重点を置いた。頭髪、服装違反、中学生らしからぬ格好や行動の生徒たちにはせっかちに明日から正す命令調で迫るのではなく、なぜそうしたがるのか、彼らの気持ちや考え方、感情を引き出し、彼らの真底の願いや要求なのか、どうしてそれが間違いなのか自分の考えや気持ちを大事にするということの本当の意味を語り合うことに主眼がおかれるようになった。そこに対話がよみがえったのである。[*2]

ここに書かれていることは、スクールカウンセリングが馴染み深い今日ではごく当たり前の内容かもしれない。しかし、一九七〇年代後半から八〇年代にかけての中学校では、何よりも力による管理主義的指導で生徒の「荒れ」を押さえ込む傾向が強かったから、この記述は当時としては新鮮である。どのように学校再生の具体的な実践をおこなったかの記録というよりも、むしろ教師たちが生徒観や学校観そして教育観をどう転換していったかについての悲痛な記録となっているからである。教師が自ら自覚しているかどうかは別にして、転換の中心は少なくとも「権力」関係からの脱却であったことは明らかであろう。

人間の攻撃性

I部で触れたように、世界で最も早くからいじめについて学術的に研究したオルヴェウスをはじめ、各国の研究者がいじめの定義に取り入れているのは、それが「攻撃的行動の一形態」だということであった。そこで、「攻撃」ということばにこだわってみたい。「暴力」と言えば外から観察しやすい具体的行動であり、悪の価値判断を帯びている。これに対して「攻撃」と言えば観察しにくい内面の心理状態も含み、価値判断も中立的に使われる学術用語である。それだけに「攻撃性」は「学校と暴力」問題について客観的に広く深く切り込めるキーワードになりうると考えるからである。子どものいじめやけんかをはじめ、バンダリズム（器物破壊行動）や校内暴力など、あるいは大人の体罰や暴言など、子どもと大人双方の暴力行為すべてを「攻撃」の観点から捉え直してみると、新たな発見があるのではと予想するからである。

「攻撃」とは、個体が抱く敵意・憎しみ・怒り・不満・不安などによって周囲に危害を及ぼし、苦痛を与える行動であり、個体に秘められたそうした行動本性が「攻撃性」である。ここでは、「攻撃」と「攻撃性」を明確に区別せずに、便宜的に同じものとして用いたい。

英語で「攻撃的な」は aggressive で、日本語でも「あの人はアグレッシブな人だ」などと言うことがある。押しが強く、すぐ食ってかかるような態度があり、口論好きだ、というように悪い意味で使われることが多い。日本では穏やかで物静かな人が好まれる傾向があるから、強力に自己主張するようなアグレッシブな人は煙たがられるのであろう。ただ、「アグレッシブ」の辞書的な意味には、他方で「果敢で進取の気性に富んだ」「すごくいい」という良い意味が含まれており、「アグレッシブ」に否定的と肯定的の両面があることが分かる。

この両面性を踏まえながら、社会心理学者のE・フロムは動物行動学も視野に入れて、独特の用語法に基づく興味深い議論を展開し、人間行動の攻撃性を多角的に描き出した。すなわち、攻撃（aggression）とは本来「ある目標を目指して過度のためらいや疑いや恐れをもたずに前進すること」であり（逆の「後退」は regression）、「良性」の攻撃と「悪性」の攻撃を区別できる。前者は自己主張や自己防衛であり、後者は戦争に代表されるような破壊である。「悪性」とは生命活動に適応した自己主張でも自己防衛でもなく、道徳的抑制を欠いた、破壊的な攻撃を意味しているのに対して、「良性」の意味は理解しにくいかもしれない。一つの例を挙げると、人間は恐怖や不安を覚えたときに、その苦しさを取り除くために防衛的な攻撃に出る。それは自己防衛的な「良性」の攻撃である。[*3]

「良性」「悪性」の攻撃性と青年前期

フロムによる「良性」「悪性」という攻撃性の分類をヒントにして、まずは子どもの攻撃性について次のように捉えてみたい。

急速な成長発達途上とりわけ青年前期にある子どもは、前進するという意味での攻撃性を誰もが持っている。一般に言われるような、攻撃的な子どもと攻撃的でない普通の子どもを区別したり、普段はおとなしい子どもが突然攻撃的になるといった表面的な捉え方をしない。攻撃性は「良性」のみずみずしい生命力の現れとして、すべての子どもが内に秘めた性向である。ただし、かれらを取り巻く家庭や学校、社会の条件次第では、それが「悪性」の攻撃に転化して暴発することもあるというように、双方に揺れ動く攻撃性を想定してみよう。

「良性」の攻撃は自己主張をはじめ、勉学に励む、生徒会活動や部活動に精を出すことなどに現れる。他方「悪性」の攻撃はいじめをはじめ、校内暴力、器物破壊、非行・犯罪、あるいは家庭内暴力などとして現れる。また、攻撃が周囲に向けられる場合と自分に向けられる場合（薬物、自傷、自死など）も区別することができる。そして「悪性」の攻撃には程度があり、軽度のものから重度のものまで多様な行動を識別できる。

そうすると、ここでもう一つ注意すべきことがある。子どもたちの行動や考え方・感じ方に対して、大人がすべて非寛容であったら、大人への不信や反発が出て、押さえつける大人への攻撃性が生まれるのはすぐに理解できる。自己防衛のための攻撃だからである。ところが、逆にすべて寛容であることも攻撃性を生むということを、私たちはまったく見落としている。すべてを許されることは子どもたちが判断や行動の拠り所を失うことであり、大人への不信と不安を生み、攻撃的になる。この点を強調したのが、精神分析家のA・ストーであった。彼は次のように論じている。

最大限に甘やかし自由にさせるという扱い方を試みた両親が驚いたことには、こどもたちは情緒障害にかかり、彼らがもっと厳しい訓練にさらされた場合よりも、しばしばもっと攻撃的になるのである。……攻撃心を正常に処理するためには反対が必要である。譲りすぎる親には、こどもがたち向かうことができないし反抗すべき権威もないし、独立しようとする内的な衝動を正当化することができない。糖蜜の中を泳いでいたのでは、こどもは発達して行く力をためすことができない。誰も反対する人がいないと、こどもの攻撃心は内向して彼自身に向かうようになりがちであり、そのため彼は、自分の毛をひき抜いたり爪をかんだりあるいはゆううつになり自責が過ぎるようになる。[*4]

要するに、すべてを禁止した場合もすべてを許した場合もともに、自己主張あるいは不安解消のために、同じように「良性」の攻撃性が生まれる。「ムカつく」とか「キレる」

といった俗語で述べられてきた現代青少年の心理状態も、そうした攻撃性の文脈で理解することができよう。

ではストーが「攻撃心を正常に処理するためには反対が必要である」と言う際の「反対」とは何を指すのか。「反抗すべき権威もない」という後に続く文言がヒントになる。つまり、「反対」とは、Ⅱ部で図Ⅱ-1に示したように、権力関係の力で押さえ込むのではなくて、権威関係の「人間性」で立ち向かうことであり、「各大人が自分の知識や技術、経験を踏まえ、自分の成功談や失敗談、そして自分自身の信条や子どもを公平に思いやる気持ちや願いを率直に語り、示していくこと」になるだろう。

他方、大人の攻撃性についてはどうか。身体の成長が完了した大人にとっては青年前期のように発育盛りの「前進」としての攻撃性を持ち合わせているわけではない。しかし、Ⅱ部で述べたように、自己愛が強く、自分の感情や意見に固執しすぎるような場合や、自分の仕事をがむしゃらに進めようとする場合には相手をおもんぱかることが弱いから、周囲に対する攻撃性が強まる。

攻撃性の「良性」から「悪性」への転化が暴力につながる

そこで、攻撃性の「良性」と「悪性」についての重要な論点は、いかなる条件下で「良性」が「悪性」に転化するのか、という点である。子どもの「悪性」攻撃性について具体的な例を挙げよう。

「権力」関係をとる教師や親が子どもに体罰を繰り返すときや、体罰は伴わなくても子どもの行動に過干渉が続いたとき、または消費社会のなかで欲しいものを次々と手に入れることができるほど過保護に扱ったとき、あるいは親が自分の都合に囚われて育児放棄（ネグレクト）を続けて愛情さえ十分に与えなかったときなど、それらに対する子どもの攻撃性は「悪性」に転化しやすくなるだろう。

また、いじめや体罰が周囲から制止されることなく繰り返されていくと、加害者の攻撃性は「悪性」の暴行へと転化し、被害者の攻撃性はそれに対抗して加害者に向けられるよりも、むしろ自分に向けられて自己破壊へと「悪性」化することもありうる。それが、いじめや体罰のエスカレートによる自死という痛ましい結果をもたらす。

さらに、発達途上にある子どもの攻撃性への自己抑制力について、心理学者の細井啓子は次のように指摘する。

最近では、心理学ばかりでなく、脳科学の研究でも、幼少期の外遊びが攻撃性の発現を促し、一定の攻撃性が満たされると自制心が生まれてくるということが明らかになってきています。その攻撃性がピークになるのは、小学校低学年から中学年のころであり、いわばギャング・エイジ（徒党）と呼ばれるワンパク盛りのころです。この時期に家のなかでテレビゲームなどの受動的な遊びをしたり、塾やおけいこに通うなどして十分な外遊びをしないと、そのピークは思春期にずれ込みます。小学校高学年のころから、からだの急激な成長によってホルモンのバランスがくずれるために、攻撃性はさらに増幅されます。さらに、これまで抑圧してきた精神的なストレスや生活習慣の乱れなども加わり、キレる状態になりやすくなるということです。それは学級崩壊などの校内暴力や、家庭内暴力へとつながることにもなるのです。[*5]

ここで注目すべきは、「一定の攻撃性が満たされると自制心が生まれてくる」という点である。それは、子どもがもつ攻撃性が外遊びなどによって「満たされる」と「自制心」

が生じて悪性の攻撃性に転化しにくいという意味である。それだけに、攻撃性への自己抑制力が育つかどうかの子どもの生活スタイルが問われてくる。

一方、青少年の攻撃性はメディアの暴力場面に刺激され、それを模倣して暴発する場合もあるという見解がある。ただし、そうした見解は単純すぎることがメディアと暴力に関する諸研究から指摘されている。すなわち、テレビやネットを攻撃的行動の根本原因とするのは早計であり、他のいろいろな要因も合わせて細かく考えていく必要があるというのが結論である。

心理学者の湯川進太郎の研究によれば、「攻撃行動を促進するかどうかは、少なくとも暴力映像の種類や視聴時の感情状態によって左右される」。また、視聴時に他の誰かが一緒にいるかどうかも重要である。「他者の存在はポジティブな認知や感情の喚起を促し、さらに映像に対する他者の肯定的反応は否定的な反応に比べて攻撃行動に対して促進的に働くことがあきらかにされている」[*6]。つまり、メディアから暴力場面を取り除けば攻撃性は「悪性」に転化しない、といった単純な問題ではなく、子どもに安定性をもたらす人間関係など、メディアだけでなくより広い環境を視野に入れる必要がある。

以上のような議論を「人間の攻撃性と暴力」として整理したのが図Ⅲ-1である。この

図Ⅲ－1 人間の攻撃性と暴力

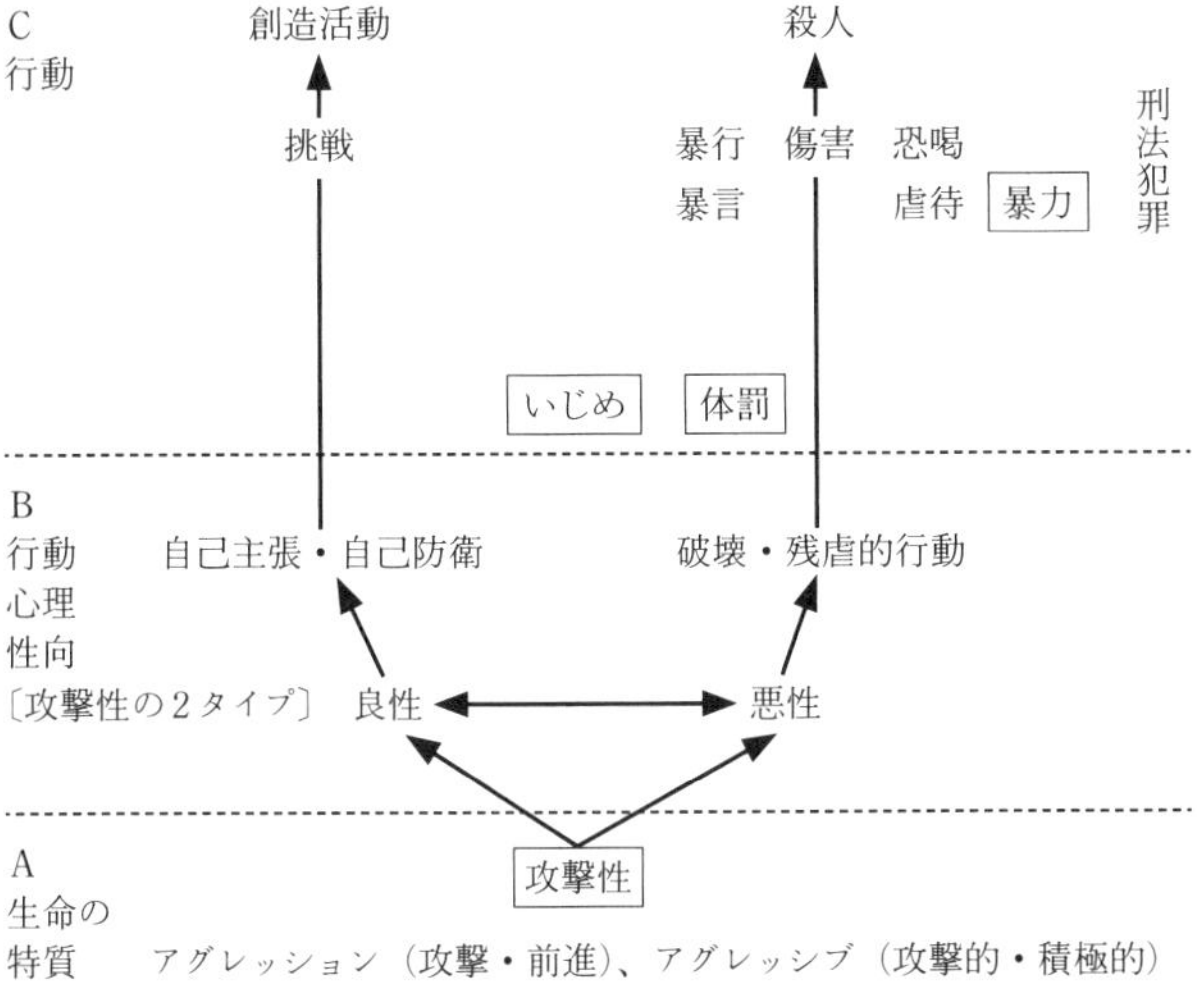

図についてさらに説明しておこう。

「暴力」と言えば、表面的に観察できる「C行動」について論議するのが一般的である。しかし、暴力の背景まで深く理解するには、フロムの概念に従いながら、人間性の根底にある「A生命の特質＝攻撃性」と、そこから生じる「B行動心理性向＝「良性」と「悪性」」という二つの次元にまで着目する必要がある。そうすると、「悪性」の攻撃性は破壊・残虐的行動へと向かう性向であり、「いじめ」と「体罰」はその性向に沿った行動として位置づけることができる。ただ、いじめも体罰も軽度から重度に至るまで多様であるから、それらすべてが「暴力」として刑法犯罪になるわけではない。多くは早期の適切な対応によって「暴力」に陥るのを防ぐことが可能であろう。それでは、早期の適切な対応とは何か、それはいかなる条件の下で可能か、それを次に検討しよう。

2 暴力を誘発する学校・誘発しない学校

学校文化に潜む暴力性

学校は安全な場であるはずなのに、いじめや体罰が生じ、それらが刑事犯罪としての暴行にまでエスカレートすることがある。一体、学校とは社会のなかでどのような特徴をもつ組織なのか、という疑問を人々はごく自然に抱くはずである。それに関しては主に教育社会学が「学校文化」としてこれまで専門的に研究してきた。たとえば一般的な企業と比べて学校はいかなる特徴をもつ組織か、という問いである。いくつかの違いを挙げよう。

①企業は営利追求が目的であるのに対して、学校は子どもたちに学力をつけさせて次世代を担う人材の育成を目標とする。②企業では社長から部長、課長、課長補佐、係長などの職階制が細かく決められているのに対し、学校では校長、教頭、教務主任程度の緩やかな職階制でしかなく、しかも学級担任の自律性がある程度認められていて、各教師が授業や生徒指導を独自に工夫できる余地がある。③企業は他との競争が明確な目標となるが、学校は他校との競争はそれほど意識されない（私学が公立校と競争する姿勢はかなりあるとしても）。④企業は組織としてまとまって顧客に向き合うが、学校は顧客とも言える子どもや保護者を含み込んだ組織となっている、など。

最後に挙げた④は従来の「学校文化」論でほとんど指摘されてこなかった重要な相違点なので、さらに「隠蔽」、「攻撃性」、「暴力」の三つの観点から説明を加えたい。

（1）隠蔽

企業で何らかの不祥事が起こった場合、組織が本質的に帯びている自己防衛機能により「隠蔽」をたびたびおこなってきた。それは官公庁や警察、自衛隊、原子力発電所、病院、ホテル、レストランなど、大・小のあらゆる組織がそうである。ただ、「隠蔽」は逆に人々の信頼をいっそう失うことに気づいた企業等は、早期に不祥事を公表して謝罪し、その原因究明を急ぎ、再発防止策を公表するという危機管理的措置を取ることが新しい潮流になりつつある。これに対して学校ではどうか。

特にいじめ・体罰問題が起きるたびに学校の「隠蔽体質」が指摘され続けてきた。「隠蔽体質」と呼ばれるのには二つの理由が考えられる。一つは、学校が顧客である子どもと保護者を包摂していることもあって、企業を完全な組織とするなら学校は不完全な組織であり、もともと学校にとって不都合な情報も子どもから保護者へと伝わりやすい。学校開放の大切さが唱えられるとはいえ、学校組織は最初から半分開かれている仕組みを持っているから、逆に閉鎖性へ向かう傾向が強く、条件反射のように不祥事を隠蔽する性格が組織の構造上に潜んでいると言えよう。

二つ目の理由は、学校は理想的目標に向けた教育活動の場であり、それに反した結果が出ると真面目な教師は自身の職を否定されたような感覚を覚えるから、結果をつい隠蔽することになる。とりわけいじめ・体罰問題が生じ、さらには子どもの自死を伴う場合には、学校安全の基本目標に反するから、咄嗟《とっさ》に隠蔽するか、「いじめや体罰と自死とは無関係」という表明が、事実の解明よりも先になされてしまいやすいのである。

こうした体質を改めようと、学校でも危機管理体制の確立がようやく叫ばれるようにはなった。しかし、先進的な企業の取り組みと比べると、学校ではまだ危機管理という知識さえ教師すべてが持ち合わせるには至っていない。

(2) 攻撃性

顧客でもある子どもは人生段階のなかで急速な発達段階にあるだけに、誰もが攻撃性を秘めている。それゆえ、教師がどのような子ども観と教育観を持ってかれらに向き合うのかが問われている。しかも背後にいる顧客の保護者がそれぞれ多様な子育て観に基づく多様な要望を教師に寄せるだけに、教師はそれらをどのように総合させながら具体的に指導していくかも問われている。Ⅱ部の「3 体罰の仕組みはどうなっているか」で引用したミラーの文章をまとめて再度掲げよう。

教育者というものはいつの世でも子どもの感情の激しさ、意固地、わがまま、「強情さ」を何よりもいやがるものです。……子どもは最初から一定方向にもっていかねばならないという信仰は、そもそも教育する側の、自分自身の内部にあって自分を不安にさせるものを分離し、なんとか自分の力の及ぶ対象に投射しようという欲求から生じたのです。……教師というものは非常にしばしば父親の代理として自分の生徒を折檻《せつかん》し、それによって自分たち自身の自己愛的安定を図るものです。

こうした教師の本質的な性向について「学校文化」論はあまり触れてこなかった。せっかく学校「文化」と言うからには、学校組織の表層部の特徴に止《とど》まらず、深層部に潜む子どもの攻撃性とそれに対する教師の攻撃性まで掘り下げられるべきであろう。この点こそ「学校と暴力」問題の根源にある仕組みだと考えられるからである。

（3）暴力

「学校と暴力」問題の根源をさらに考えるなら、教師と生徒間の教育関係には、愛情を注ぐ関係と同時に「一定方向にもっていかねばならない」強制や圧力関係があることを見落とすことはできない。教育学者の丸山恭司は「教育現場の暴力性」を次のように論じている。

①体罰のような身体的暴力はもちろん、②もっぱら中間層の価値基準に従う規範が多様

な階層に属する子どもたちすべてに一元的に強制される。③学業評価や人物評価という表象によって子ども理解が強制される。④子どもの将来の進路（進学や就職）について②や③にも従いながら学校側が先取りして提示し、それに従わせる。②〜④は身体的暴力行為ではないとしても、それらは広く「暴力性」と呼べるものである。しかもその性質は「協調性」や「生徒のため」という文言で覆われて、「暴力性」に気づかれないような組織装置となっている。*7

こうした学校が持つ「暴力性」という点でも、学校は企業とはかなり異なった組織である。そして、以上のように学校が企業と異なる一方では、両者の接点が最近の焦点になってきた。

近年の急速な教育改革によって、学校制度を企業の原理に近づける方策が次々に取られ、効率性、市場競争、数値目標による業績評価、組織トップのリーダーシップなどの諸原理をめぐる近似性が浮き上がってきた。たとえば、職階制を強固にするために副校長や主幹教諭のポストを新設するとともに、校長の権限を強化し、校長のリーダーシップによるマネジメントを重視する。学力テスト結果を公表して学校間競争を意識させる。学校と教師の評価を積極的におこなう、など。

ただ、これらの諸改革が、はたして学校内部に秘められた攻撃性を未然に抑制して暴力化へと転化することをなくすのか、あるいは暴発を引き起こす引き金になるのか、諸改革を立案し推進する側にはそうした問題意識はないように見える。効率性と評価、競争の原理が学校に導入されていくと、種々の緊張が高まるだけに、教師が攻撃性を秘めた一人ひとりの子どもたちと向き合い、かれらを十分に理解し、かれらに寄り添ってともに問題解決を試みる余裕と平静さを失いやすくなるだろう。

学校組織文化・教員ストレス・協働性

以上は、企業と比較した学校の基本的な特徴であるが、多数の学校すべてを「学校文化」でくくって記述することは、現実の学校を細かく眺める場合には大雑把すぎると私は考える。それは学校「組織」の特徴というよりも、学校「制度」の巨視的特徴の指摘に近いからである。個々の学校組織を見ると、同じ小（中・高等）学校でも雰囲気も違えば、各学校の教育方針や教育方法にはかなりの相違があり、個別に学校訪問をすれば微視的特徴の多様性にすぐに気づく。そこで、学校ごとに違う現実については、各学校の「組織文化」の相違性として捉えた方が適切である。「組織文化」とは経営学や組織社会学の領域で一九八〇年代に入ってから大きく注目されるようになった概念で、それまでは一般に「組織風土」と呼ばれていた。

「組織文化」とは、組織の成員に共有された生活・行動・思考の様式である。分かりやすい例を挙げると、ある企業が次々と新しい脱皮を遂げるのに対し、別の企業は古い体質に凝り固まるのはどうしてかという問いの核心が各企業の組織文化の違いである。この概念は、組織を客観的に分析するだけでなく、生身の人間や組織と実際に触れあう「臨床」の立場と結びつく。

そこで、この組織文化の考え方を学校に適用して「学校「組織文化」」を考えてみたい。各学校の教師がどのような思考・行動の様式を共通して身につけているか、学校ごとに特徴ある様式が新たに赴任した教師にどのように伝えられ、新任教師はどのように学習していくのか、あるいは、その様式はどのように変革されていくのか、というきわめて実践的な概念である。[*8] よく叫ばれる「学校づくり」は実は学校組織文化の創造のことであり、「〇〇学校らしい実践」とか「〇〇はいい学校」といった特定の学校の特徴に沿った言い方も学校組織文化を念頭に置いた表現である。そして「学校改善」とか「学校らしい学校に生まれ変わる」という場合も、そのほとんどが学校組織文化の変革の側面を指している。

この学校組織文化に着目すると、学校に潜む暴力性がどの程度実際に現れるかどうかは学校によって異なる。また、個別の学校に荒れる時期と平静さを取り戻す時期との波があるという身近な現実を取り上げるなら、同じ学校でも時期によって暴力性の顕現の様子は異なる。そうすると、暴力性が現れる程度差は各学校の何に由来するのだろうか。その解明ができれば、暴力性の抑制はいかにして可能かという学校の実践課題の手掛かりになるだろう。

私がこうした学校組織文化に目を向けるようになったのは、学校訪問を繰り返すなかで各学校の雰囲気の違いを感じたことと、「組織文化」という概念を知ったことの他に、一九九九年七月に何度目かのイギリス訪問をした際に、オープンユニバーシティで開かれた小さな教育社会学セミナーにたまたま参加したときの経験が大きい。主宰するP・ウッズ教授の研究室で、研究仲間五人が集まったセミナーのテーマは「教員ストレス」であった。「教員ストレス」とは、学校での仕事のなかで教師が抱く怒りや緊張、葛藤、不安、抑うつといった不愉快な感情であり、そうした感情が身体症状を生じさせるほど強まったケースが「バーンアウト」（燃え尽き症候群）である。教員ストレスについては、一九八〇年頃からイギリスで本格的に研究されるようになった。当時のイギリスではナショナルカリキュラムや統一学力テスト、そして学校評価の導入などの大規模な教育改革に見舞われ、新たな学校教育環境に直面した教師のストレスが大きな問題となっていた。

そのセミナーのキーワードが「協働性（collaboration）」であった。欧米の教師は個人主義的と言われるが、教育改革を遂行しつつ教育の質を高めるために、欧米でも近年「協働性」の重要さが強調されるようになった。「協働」関係が教師のストレスを弱めるという調査結果も発表されている。セミナーの討議では、何のための「協働」であり、誰に利益をもたらすのかを明確にすること。「協働」は各教師個人の意見を尊重しつつ互いの連携を追求することであり、皆と同じように結束することではない。結束が、独自に実践しようとしている教師にかえってストレスを与える場合もある、などなどの指摘が続く。特に「誰にとっての協働か」は何度も繰り返される文言であった。言うまでもなく、子どもたちの成長発達を育むための協働という意味が込められている。

討議を聞きながら、私は日本の教師のことを考えていた。日本では、教師はありのままの自分を表現するというよりも、あるべき教師像というのがあって、それに自分を合わせなければ、と考える場合が多いのではないか。学級や教科を担当して子どもたちを指導する立場にある者が、ノイローゼで悩むなどと自分の弱さを示すようなことは恥ずかしくて言えないと隠してしまうことが多いのではないか。同僚教師がするようにやるべきで、自分を抑えて他と同調することが多いのではないか。日本では昔から「要は教師集団の問題だ」と言われてきたように、教師の連携が重視されてきたが、それはもしかして教科書を中心にした一斉授業形態を支える「共同（community）」の関係であり、個々の子どもの利益を考えるというよりは、学校秩序を維持するための同調主義であって、「協働」の関係ではなかったのではないか、などの疑問が次々と浮かんだ。

それに他方では、学級エゴとか教科エゴといった教師に潜む攻撃性も浮かんできた。それらは学級間や教科間の競争や対立を生み出しやすく、子どものために学校全体がまとまる協働性を壊す方向に動きやすいだろう。

さらにセミナーから啓発されたのは、ストレスは個人の心理的問題というよりも学校組織のあり方であるという基本的な視点である。ストレスを受けやすい学校とそうでない学校があり、そこにはいかなる組織特性があるのか、と学校事例の比較が討議の焦点となった。結局のところ、教員の孤立や相互不信が見られる学校ではストレスの度合いが高く、各教師の意見を相互に尊重しつつ信頼に満ちたチームワークに結実する協働関係が見られる学校ではストレスはそれほど生じない、というのがおおよその結論となっていった。[*9]

この発想法に従うと、学校組織に潜む暴力の根から芽が現れるかどうかも各学校によって異なるという見方が得られる。

学校組織文化と暴力の抑制

教員ストレスの強さは教師の感情の不安定さを示しており、それは教師の攻撃性を悪性化しやすいだろう。悪性の攻撃性は子どもに向けられる場合があり、教師自身に向かう場合もある。このように考えると、「暴力を誘発する学校と誘発しない学校」という学校組織文化のあり方が浮かび上がる。イギリスでのセミナーの討議を含めて、これまでⅠ～Ⅱ部で論じてきたことも総合しながら、両者の学校組織文化を比較してみたい。

「A　暴力を誘発する学校」の特徴として考えられることは、①子どもたち一人ひとりの発達を育むよりも、学校組織の秩序を重視する。②そのために学校組織が縦型の管理主義に貫かれていて、力で押さえ込む「権力」関係の原理に囚われている。③学力テストの結果を上げる数値目標が決められ、それに向けた教育に集中するのが組織目標となっている。④学校のさまざまな情報が外部には伝えられず、保護者からの情報も学校内で共有されずに学校組織が閉鎖的である。⑤こうした学校組織の下で、各教師は孤立しやすく、互いが協働してともに仕事をする連帯意識が弱い。

これに対する「B　暴力を誘発しない学校」の特徴として考えられることは、①子どもたち一人ひとりに寄り添って、その発達を達成できるように同じクラスの仲間とともに取り組むことを重視する。②そのために学校組織は教師の自律を可能な限り許容し、教師が尊敬されて「権威」関係をつくり出せるような横型の組織原理に貫かれている。③学力テストの結果を参考にしながら、一人ひとりの子どもの次の学習課題を明らかにし、授業の内容と方法を改善するために教師自身の自己評価を積み上げることを目標にする。④学校の取り組みに関するさまざまな情報を外部に公開し、保護者からの情報も学校内で共有して、学校組織を開放的にする。⑤こうした学校組織文化の下で、各教師は相互に尊重し合い、協働してともに仕事をする連帯意識が強い。

もちろん、これら二つはごく単純に整理した学校組織文化モデルであって、実際の学校では①〜⑤の各要素がどれだけ揃っているか、各要素の程度がどれくらいかなどについては多様な現実になっているだろう。要するに、学校の深部に潜む暴力性は、個々の学校組織文化によって実際に表に出る場合もあれば、出ない場合もあると理解すべきであり、抑制されて表に出ないような「学校づくり」を目指すのが暴力の防止である、と私は主張したいのである。それを裏づけるような事例を次に挙げておこう。荒れた中学校を再生させ、学校組織文化をAモデルからBモデルへと変革したケースだと言えるので、少し詳しく紹介する。*10

◉【事案11】中学校校内暴力克服過程

生徒数一二〇〇人を超えるこの中学校では、多数の低学力生徒が外部の少年少女と繫がって問題行動を次々と引き起こし、学校は無秩序・無法地帯と化して「県内最悪の指導困難校」のレッテルを貼られていた。生徒が荒れるたびに校則は細密化し、一〇〇項目を超えた。その内容は身体の傷害、人権侵害など重篤な違法行為から、授業妨害、器物損壊、さらにことば遣い、服装、頭髪などの品性の問題にまで及んだ。ときには保護者が学校不信を学校外に訴えるようなこともあった。

教員は日々の問題行動への対応に忙殺され、翌朝まで続くような対策会議も重なって疲労困《こん》僨《ばい》し、正常な授業は皆無に近いというありさまだった。教員のなかには、体罰で早期解決をはかろうとする者もいた。しかし、文化祭が終わった数日後、茶髪の生徒への強い指導が引き金になり、生徒たちは徒党を組んで鉄パイプや金属バットを持って職員室に乱入した。暴力の標的になったのは、主に体罰教員、傍観的な態度の教員、生徒におもねる教員たちだった。この事件は一四人の教員が入院する大惨事となった。

新たに着任した校長の経営理念に基づき、次の四つの教育方針を掲げてそれまでの取り組みが根本から見直された。

（1）従来の「教員個々にゆだねる指導」を「組織で取り組む指導」に転換し、共通理解の徹底をはかること。早期発見、即刻対処、事実の掌握、即日結着を鉄則にする。担任を支援する学年教員と生徒指導部の教員が役割分担して協働して対処する体制をつくる。また学校の使命と限界を認識し、関係機関（医療・福祉・警察・保護司・行政・報道・司法など）と積極的に協働体制を築く、など。

（2）学ぶ価値を重視する教育へ転換すること。問題行動への懲戒が中心だった生徒指導を改め、次のような指導に力を入れるようにした。学力の定着を目指し、全教員が分かる授業、やる気の出る授業、力がつく授業を実践する。社会通念や法律の意義を理解し、学校の現状を冷静に判断できる生徒を育成する、など。

（3）問題行動のレベルに応じて指導の強度を変えること。以下のように問題行動の深刻さのレベルの高い問題ほど強い指導をおこなう（①がレベル高、⑦がレベル低）。①暴力、②いじめや差別、③飲酒・喫煙・万引き・薬物、④授業妨害、⑤器物損壊、⑥ことば遣い、⑦服装・頭髪など。

（4）生徒の主体性を伸ばすことに逆行する校則などを廃止すること。校則の大部分を占めていた品性や好みに関する項目を全廃し、命や人権に関する事項を重視し、次のような指導手順を取った。

〈段階1〉教頭と生徒会顧問から執行部へ以下の内容の問題提起をした。①校則は生徒の自主性や自治能力を育む機能を果たしているか、②罰則を伴うものだけを校則にすべきではないか、③服装や頭髪など品性や好みの問題は、校則ではなく、生徒間の協約とすべきではないか、など。〈段階2〉生徒会執行部から生徒会生活部へ問題提起をおこない、各学級で討議した。〈段階3〉全教員が列席する生徒会総会で討議し、決議した。

以上のような取り組みの結果、組織的指導が定着し、全教員が同一歩調で生徒指導を進めることができ、校内の雰囲気が和やかになった。生徒や家庭の主体性が高まり、学校と家庭との関係が良好になるとともに、この中学校は「指導困難校」から脱却したのである。

この【事案11】を眺めて想起するのは、二〇世紀初頭に、社会学の始祖の一人E・デュルケムが『道徳教育論』のなかで述べた一節「学校生活を経験した者なら誰でも分かることだが、規律正しい学級は、同時に罰の少ない学級である」という文言である。[*11]「規律（行為の基準、おきて、秩序）」と聞くだけで、一般に厳格で堅苦しい学校組織をイメージしがちであるが、規律は不可欠であり、問題はそれがどのような規律なのかという点である。【事案11】がいわばAモデルからBモデルへの変革であるなら、規律は誰に対して何のためか、どのような規律をどのように構成するのか、その規律をどのように受け入れるのか、といったことの問い直しが全校でなされたということである。

単なる「学校文化」論では変化する一つひとつの学校の現実を理解することはできず、むしろ「学校組織文化」の視点から個々の学校の変化過程を臨床的に把握して初めて、学校に潜む暴力性の発現を見通すことができると考える。そして、全校ぐるみの総合的な実践を把握することで暴力を抑制し、学校再生を可能にする過程を眺めることができる。

軽微な問題が散発する程度であれば、個々の問題に対する個別対処で一応は解決に至るかもしれない。しかし、問題が広がって重篤な状態になる場合には、全校による「学校づくり」を全面的に展開しなければ解決できないことを【事案11】は示しており、そのプロセスから暴力防止の具体的な取り組みを学ぶことができるはずである。そこで、さまざまな条件によってダイナミックに変化する実際の学校組織のありようを念頭に置きながら、危機管理と学校安全についてさらに論じていこう。

3 いじめ・体罰問題を克服して暴力を防止するには

「安全・安心」の仕組み

今や「安全・安心」が時代のキーワードの一つである。「安全学」を提唱する科学史研究者の村上陽一郎は、二〇世紀が「開発」「進歩」に向かったとすれば、二一世紀は「安全」を目的にする、と文明の方向性を論じたが、[*12]たしかに日本でも生活のあらゆる分野で「安全・安心」が主張されるようになった。

教育分野も同様であり、学校の「安全・安心」がクローズアップされている。その大きなきっかけになったのは、一九九九年一二月に京都市日野小学校の校庭で起こった児童殺害事件からあまり時を経ずして、二〇〇一年六月に大阪教育大学附属池田小学校に出刃包丁を持った不審者が侵入し、児童八人を殺害、児童一三人と教師二人に重軽傷を負わせるという凶悪事件が起こったことであった。これらの事案は、学校組織に潜む暴力ではなくて、外部から突然に学校が襲われた暴力であり、それに対して学校が無防備であったことを関係者に思い知らせることになり、「安全・安心」が学校にとって喫緊の課題となった。学校は一方では、施設だけでなく人の行き来や教育実践をめぐる情報などを地域に開放しながらも、他方では外からの暴力を防止することを中心に安全対策を講じないといけないという両面の調整に苦心することになった。

先ほどの村上は、《安全-危険・リスク》と、《安心-不安》という二つの軸を提起している。[*13] 私はそれを参考にして前者を〈客観軸〉、後者を〈主観軸〉として両軸を交差させてみた。そうすると、四つの局面を区分することができ、それらの諸局面を通じて「安全・安心」をさらに分析的に論じることができる（図Ⅲ-2）。

なお、「危険」と「リスク」はまったく同じものではなく、「危険（danger）」が実際に脅威となる具体的な対象であるのに対して、「リスク（risk）」は、利益を望みながらも、それによって被るかもしれない可能性（確率）としての危害や損失を指している（株のリスク、自動車のリスク、原子力発電のリスクなどのように）[*14]。したがって危険は取り除くことができるが、リスクは可能性の度合いなので、ゼロに近づけることはできてもゼロにすることはできない。図Ⅲ－2の四局面は生活の幅広い領域にあてはまり、もちろん学校にも当てはまるから、具体事例を挙げていこう。

図Ⅲ－2　安全・安心の仕組み

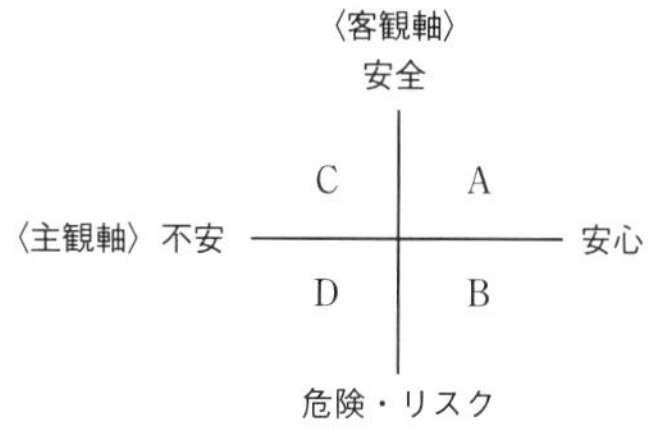

(1) 四局面

A局面　安全の諸条件が整って安心できる状態。それは実態というより価値目標としての性格が大きい。そこから現代の重要なキーワードが生まれる。たとえば、全国各地で条例制定化されるようになった「安全・安心のまちづくり」（大阪府二〇〇二年、名古屋市二〇〇四年など）や教育分野での標語「安全・安心な学校づくり」（文科省二〇〇四年）などの諸表現である。

B局面　危険・リスクの状況であるのに、それに無知だったり、関係ないと無視して安心している状態。たとえば、安価で便利な断熱材として学校建築にも数多く使用されてきたアスベストが放置されたままで、長期間にわたって徐々に身体を蝕《むしば》む病因になるかもしれないといった事態が挙げられる。あるいはいじめの場合、深刻な事態に陥る可能性があるにもかかわらず、たかが子どものけんかやふざけ合いだと見過ごすような事態である。また体罰の場合、体罰禁止を知っているのに、自分の行動が体罰であるという自覚がなかったり、周囲もその認識がないか、あるいは分かっていても必要悪だと見て見ぬ振りをしているような事態である。

C局面　安全な条件が備わっているのに、人々が不安を抱いている状態。アスベストの例でいえば、除去作業完了後も、いずれ発病するのではないかという不安を拭いきれず、校舎内にまだ他の有害物質を含む建材などがあるのでは、と不安が続くような場合である。いじめや体罰でいえば、子どもの言動や教師の言動の一つひとつをあまりにも細かく神経質に気にしすぎるような場合である。

D局面　客観的な危険・リスクに遭遇した人々が主観的な不安にさいなまれることが「危機」状況の発生である。危険・リスクが強く認知されて、人々の「危機意識」が高まり、どう対応してよいか分からず、心身の失調さえ伴うような不安ないし恐怖のなかで行動が混乱する事態を引き起こす。大阪池田小の事案で言えば、刃物を持った加害者が開け放たれた校門から校庭や校舎内に突然侵入し、子どもたちや教師を殺傷するという重大事件は強い「危機」状況と「危機意識」を生じさせる。

いじめの場合、I部で触れた「いじめ防止法」は、このD局面を主たる対象とし、B・C局面にはそれほど立ち入って詳しく規定していないようである。そこから「事件対処型」発想が生まれ、「教育対応型」発想は弱くなる。そして、危機管理には組織の安定を揺るがす深刻な事態が生じた後の対処としての「クライシス・マネジメント」の側面と、深刻な事態の発生に備えるための、または発生を予防するための「リスク・マネジメント」の側面があること、学校組織はいずれの側面にもまだ十分に馴染んではいないことについても述べたが、同法の新たな力点は「クライシス・マネジメント」の側面にある。ただ、D局面を本当に回避しようとすれば、B・C局面をより丁寧に扱うことが求められる。

(2)「安全・安心」のサイクルと学校危機

さて、以上の四局面は単なる分類に止《とど》まるのではなくて、ⓐさまざまな局面移動が生じること、しかもⓑ「安全・安心」局面がサイクルを描くことに注目したい。
ⓐ多様な局面移動　侵入者による殺傷事件では、A局面から突如D局面に転化する。開

け放たれた校門に象徴されるように、「安全・安心」の学校（体育の授業や休み時間、部活動などでの事故などを除いて）という思い込みからは想像もつかぬ出来事だからである。あるいは、不審者情報が相次いで寄せられたため、保護者や地域の人たちが登下校時に子どもたちを見守っているさなかに、虚をつくように殺傷事件が生じたような場合、C局面からD局面へと移行する。

ⓑサイクル的局面移動　A局面で「安全・安心」が一定程度もたらされたとしても、実際にはその状態がずっと持続するとは限らない。個々の危険・リスクが生じるたびに、四局面は基本的に表Ⅲ－1のようなサイクルを描きやすい側面にも注目しておこう。たとえば、いじめ自死の場合で考えてみたい。

これまでの同様の事案では、おおよそ次のような事態の推移を共通して観察できる。すなわち、いじめがあることを生徒も教師も知っており、教師も指導するが、個別の注意で解決できると思っている（B局面）。いじめ被害者が自死する。遺書が見つかり、新聞社・テレビ局が連日のように学校に押しかける。記者会見で学校側は状況を曖昧にしか報告できず追及される。情報は混乱し、被害者家族は学校側への不信を露わにする。PTA説明会が開かれるが、真相は不明のままである。対応に追われる校長は心労から体調を崩す

表Ⅲ－1 「安全・安心」のサイクル

B（危機の予兆）→ D（危機）→ C（危機状況からの回復）→ A（新たな諸条件が整備され、目指すべき目標に向けた取り組みが定着し、一定の安心が生まれる）→ B（安心が持続するが、危機の体験や情報が人々の記憶から薄れるうちに、別の、あるいは同じような危険が迫る）→ D（危機）→

（D局面）。経緯が徐々に明らかになってくる。校長が交代し、学校側は遺族に謝罪するとともに、いじめ防止の諸方策を立案し、実行に移す（C局面）。いじめ予防の指導が始まり、生徒自身も独自の取り組みを続けるなかで、学校は平静さを取り戻す（A局面）。

このようなB局面から、D・C局面を経てA局面に至る経過で重要なのは、B局面での学校・教師の対応のあり方である。つまり、危険・リスクを意識し、担任一人で済ませるのでなく、教師集団がB局面からD局面への移行をどう食い止めるかである。それは「いじめ防止」という学校危機管理の一環にほかならない。食い止められるかどうかは以下の一点に関わるだろう。

すなわち、学校組織にはもともと暴力性の根が潜んでいて普段から何も手を打たなければ、そこから暴力という芽が出てくる可能性があると見通すかどうかである。目に見える「危険」を察知して動き始めるのではなく、「リスク」を帯びた学校組織という基本認識を常に持つべきだということである。そして、「安全・安心」の学校という理想の価値目標へのまなざしが、そのまま現状認識の基準にすり替わると、D局面はいつでも起こりうるにちがいない。

「学校安全」を目指す学校危機管理

こうして、四局面の視点から「学校危機管理」についてまとめることができる。「安全・安心」（A局面）の対極にある「危険・不安」（D局面）が極度に達したときに発生する学校「危機」にどう対処し、どのようにして危機を最小限に抑えるか、あるいは学校危機の可能性を察知すれば、それをどのようにして回避し、さらには学校危機発生の防止を普段からどのように講じるかに関する諸課題である。それを達成するために、基本方策立案やマニュアル作成、設備・備品の整備、情報収集、人的・組織的ネットワークづくり、各種訓練などに関する総合的取り組みが学校危機管理である。「学校安全」はこうした学校危機管理を通じて実現しうる「安全・安心」（A局面）の状態にほかならない。

ところで、近年の世界の学校では、「学校安全（safe school ないし school safety and security）」が大きなテーマになっている。そのきっかけとなったのは、一九九九年四月にアメリカのコロラド州コロンバイン高校で起こった発砲事件だった。二人の生徒が一二人の生徒と教師一人を射殺し、二四人を負傷させ、加害者たちは自殺するというアメリカ最大の学校内虐殺事件である。青年の攻撃性がこれほどまで悪性化して暴発するケースも珍しいが、類似の発砲事件は後を絶たない。そこで、アメリカの「学校安全」では銃、暴行、いじめ、セクシャルハラスメント、薬物などの暴力や犯罪などが問題対象とされる。

一方、最近のＯＥＣＤ（経済協力開発機構）諸国での「学校安全」は自然災害から人為的脅威まで（地震、エイズ、化学災害、薬物、発砲を含む校内暴力、侵入者犯罪、テロなど）を包括的に対象にする総合的学校問題として浮かび上がっている。[*15] 日本ではこれまで学校事故が中心であった「学校安全」も、「３・11」以後には地震・津波対策にも目が向けられるようになってきた。とはいえ、いじめや体罰、校内暴力、薬物なども含めた総合的な概念としての「学校安全」という概念は日本では未だ確立されるには至ってはいない。ただ、包括的な「学校安全」は本書の主題を超える大きなテーマなので、今後の検討課題として指摘するに止《とど》めたい。

エンパワーメントと学校づくり

さて、いじめと体罰の二つの問題は質が違うにもかかわらず、いくつかの点で共通性があると「はじめに」で述べた。そのうち「潜在的な欲求」の共通性について再度挙げよう。

いじめと体罰のいずれの場合も加害行為の奥底に相手を自分の思うままに操作したいという「勢力行使欲求」つまり「支配欲」という深層心理に行きつく。この潜在的な欲求がしばしば暴力として暴発するとすれば、学校はこの欲求にどう向き合うかという課題こそ「学校安全」にとって見落とせない。

子どもから大人への過渡期にある青年前期の不安定さに由来する「勢力行使欲求」は理解しやすいだろうし、教師や保護者を含めて大人の子どもに対する「権力」関係に由来する「支配欲」も合点がいくだろう。ここではさらに一歩進めて、もう一つの共通性を指摘したい。いじめの場合も体罰の場合も、加害者に加害の意識がない場合が多いことをどう解釈するか、である。そうした場合には「いじめは悪」とか「体罰は違法」とか、いくらやかましく言っても意味が通じないからである。いじめや体罰の表面的行為をただ非難するだけに止《とど》まっては堂々巡りの議論に陥る。むしろ、その行為の背後にある本質をえぐり出しながら、いじめ・体罰問題を克服して暴力を防止する基本方策を検討したい。えぐり出すための視点は「主観と客観」、「感性」、「エンパワーメント」、「学校評価」の四つである。

（1）主観と客観

加害意識さえない状態に潜む問題を結論的に言うと、自分の「主観」が肥大化していて感情のままに言動をおこない、「それでどうしていけないのか」と疑問さえ抱かないことである。「自己愛」が強すぎて、「他者愛」に向かう段階に移行できていないと言ってもよい。自分の「主観」ばかりで言動し、相手の立場に立って考えているのか、相手に迷惑をかけたり傷つけたりしていることはないか、その言動が集団や組織、社会のなかでどのような意味を持つのか、組織や社会で当然とされるルールに従っているかどうか、の自問さえないというのは「客観」的に自分を眺めることができない状態を表している。いわば自分を対象化して眺められる「もう一人の自分」が育っていないのである。

自分の主観をそのまま表現し、それが対人関係のなかでどういう意味を持つかを客観的に考慮するといった主観と客観の葛藤や相克は青年前期から青年後期にかけての発達上の特徴である。その特徴がうかがえない青少年は、発達段階で言うと未だ児童期に止《とど》まっていると言える。したがって、いじめの初期段階で周囲が気づいて何らかの介入をすることは、いじめがエスカレートすることを防止するだけでなく、加害者の成長発達を促す契機ともなる。

「もう一人の自分」を持ち得ていない教師の場合も、青年期の発達課題を未だ達成できていないと考えられる。体罰ばかり繰り返す教師は「指導力不足教員」に数えられるが、それは指導力の問題以前に「自己愛」が強く、「客観」的に自分を眺めることができないという人間発達の遅れを指摘できるだろう。教職者としての能力不足というよりも、一般的な対人関係能力が不足していると考えられる。二〇〇〇年代末に「指導力不足教員」について、その指導改善研修を担当している全国各地にある教育センター（総合教育センター、教職員研修センターなど）で実態調査をおこなったところ、授業力のなさということよりも基本的な対人関係能力が貧弱であるという共通性が思いがけず浮かび上がった。「指導力不足教員」の主観と客観の問題について、私は調査結果を踏まえて以下のように論じた。

指導力不足教員は自己評価が低く、自信が無いから授業ができないのではと想像しがちだが、現実はその逆である。センターで模擬授業をしても高い自己評価をつけ、子ども役を演じるセンター長や担当指導主事、助言役の退職校長などが下した低い評価との間に大きなギャップが生じたりする。そのことは、自分を客観的に眺めることのできる多様な視点が身についていないことを物語っている。自己中心の主観的基準しかないから、十分な準備をした模擬授業はうまくいったと自己評価が高くなるのである。……おそらく、日頃からさまざまな他者と交流することを通じて、自分とは異なる見方や価値観、評価を知って、多様な基準を取り入れる経験が乏しく、社会的自我が未熟であるのだろう。その未熟性は生育史に潜んでいることも考えられるし、教職に就いてから小規模校勤務が長く、授業力を磨いたり、つまずいたときに助言をもらったりする機会が乏しかったことも考えられる。[*16]

とはいえ、体罰が一時的にも学校秩序を保持させたり、一定の教育効果を発揮したりして、周囲の教師たちが容認したりすると、加害の教師の「自己愛」は絶対化していき、客観的に自分を見つめる態度はいっそう形成されにくくなる。

なぜ、そのように「もう一人の自分」が育っていないのか。子どもの場合は、おそらく周囲からあまり注意もされず、叱られたり誉められたりもされず、指導助言もされずに、もっぱらほったらかされて育った成育史があるのではないかと想像する。さまざまな他者の視点を習得できて初めて客観的に自分を眺めることができるからである。教師の場合も今述べたように、勤務校でさまざまな注意や指導助言を受けてはおらず、種々の研修機会もあまり参加しないから教育の新たな視点を獲得できてはおらず、自分の実践を対象化して客観的に自己評価することさえできないのではないかと想像する。

以上のように子どもの場合も教師の場合もそれぞれ発達上の遅れがあるならば、それは周囲との豊かな人間関係が乏しいのではなかったか、それぞれの発達段階の課題を達成しうる環境が与えられていないのが根本問題なのではないか、と考えるのである。そうだとすると、いじめや体罰の予兆があれば、周囲が早く気づいて、注意し話し合う態勢が何よりも必要であり、それが攻撃性を悪性化させず暴力化させない予防の手立てであると言えよう。そして、子どもも教師もそれぞれが社会性を成長させていく契機となるだろう。

（2）感性

一方では自分を主張する「主観」的自己と、他方では他者との関係のなかでその主張が相手にいかなる影響をもたらすかを見極める「客観」的自己をめぐって、二つの自己の葛藤や相克を通じて体得するのが「感性」だろう。広くは自然環境や書物、その他種々のモノなど、現実との直接の触れ合いのなかで、異質で多様な刺激に反応する感覚が磨かれていくわけだが、生身の人間との触れ合いを通して体得する感受性はきわめて重要である。自分だけの狭い世界に閉じ籠り、多くの人々との直接的触れ合いがなければ、感性は育ってはいかないだろう。それに現代の高度情報社会で、メディア環境とのデジタル情報のやりとりに終始しているようではバーチャル・リアリティへの感覚は鋭くなっても、はたして実際のリアリティへの柔軟で幅広く豊かな感受性が育まれていくだろうか。

攻撃性が悪性化して、いじめや体罰がエスカレートするということは、子どもや教師にとって人間性の核というべき「感性」が鈍麻していることを物語っているように思われる。執拗ないじめが友人を傷つけていることが感じられないという感性の鈍麻、執拗な体罰が生徒のためだとしか感じられない教師の感性の鈍麻、それらは加害者の人間性の弱さであり、自律も自立も達成できていない発達の遅れや歪みを示してもいる。

また、いじめの実態は全校アンケートで調べなければ分からないということになると、日頃の生徒との生身の対人関係はどうなっているのか、という疑問が浮かぶ。生徒の言動や表情を見て気づくはずの教師の感性はどうなっているのか、ということである。あるいは、体罰問題が問われるほど、体罰を懲戒から区別する線引きを具体的にどうするのかと学校側が教育委員会や文科省に質問したりするのも、感性の鈍麻の証左ではないだろうか。

そして、アンケート調査をしないといじめの把握ができないとか、何が体罰の具体例なのかを知りたがったり、というのは「事件対処型」発想であり、事件を想定した証拠資料収集が密かな目的だ、と言われても仕方がない。そうではなくて「教育対応型」発想では、あくまで感性に基づく「直感」を重視する。「直感」とは日頃の経験知が瞬時に総合化されて下される感覚的判断で、意外に合理的なものであり、アンケート調査の対極に来る手法だと言える。生身の人間関係のなかにこそ教育実践があるとすれば、感覚的判断は奥深い事実を確実に捕捉しているはずである。さらに、いじめ防止や体罰防止の取り組みが最終的に「人権学習」に行きつくとすれば、それも単なるうわべの知識ではなくて感性によって裏打ちされるものでなければならないだろう。

(3)エンパワーメント

「もう一人の自分」や「感性」を育むことは、子ども自身と教師や保護者など大人自身のエンパワーメントにほかならない。「エンパワーメント」とはⅡ部で触れたように、何らかの問題が障害となって人間や組織に本来備わった力が低下しているので、その問題を明らかにして解決に向かうなかで内なる力を取り戻すという意味である。そして、子どもや教師のエンパワーメントは、かれらを構成員とする学校組織そのもののエンパワーメントにもつながっていく。攻撃性が悪性化し、暴力として発現するのも、個々人と学校組織のエンパワーメントが低下しているからだと考えられる。そして、暴力に対して力で封じ込めようとすれば、さらにエンパワーメントに失敗するという悪循環に陥ることになる。

エンパワーメントを達成するためには、個々の教師が頑張ればよいなどといった精神主義ではなくて、学校環境全体に一定の学校組織文化が整えられる必要性がある。すでに論じたように、「A 暴力を誘発する学校」から「B 暴力を誘発しない学校」への転換がエンパワーメントの実現を意味していると言える。すでに述べたBタイプの学校の諸特徴について改めて掲げ直そう。

①子どもの発達が十分に達成されるように、同じクラスの仲間とともに子ども一人ひとりに寄り添った取り組みを重視する。②学校組織では教師の自律性が可能な限り保障され、教師が尊敬されて「権威」関係をつくり出せるような横型の組織原理が貫かれる。③学力テスト結果を参考にしながらも、あくまで一人ひとりの子どもの次の学習課題を明らかにしつつ、授業の内容と方法を改善するために教師自身の自己評価を積み上げる。④学校の取り組みに関するさまざまな情報を可能な限り公開し、保護者からの情報も学校内で共有して、学校全体を開放的な組織にする。⑤以上のような学校組織文化の下で、各教師は相互に尊重し合い、協働してともに仕事をする連帯意識を確かなものにする。

こうした学校組織文化のなかで、子どもたちや保護者もまた、エンパワーメントを実現していくに違いない。

(4) 学校評価

学校教育の質を向上させるために「学校評価」が必要である、と現在では当然のように考えられるようになった。しかし、「評価」とは何であるかがまだ十分に理解されてはいない。それこそ、学校にいじめが何件、体罰が何件あるから学校評価にとってはまずいので、報告件数を減らそうと隠蔽細工をしかねないようでは、学校評価を正しく理解できてはいない。どうやら多くの場合、「評価」とは「査定」だと思っているからだろう。

「査定」とはある特定時点での人や組織の業績や成果、問題点などについて、管理職または監査役が主に量的データに基づいて一方的に判定する作業であるとするなら、「評価」とは一定の時間的経過のなかで、当初立てた目標に向けてどれだけ達成できているかどうかを管理職だけでなく、同僚あるいは組織外の第三者が量的データだけでなく、さまざまな質的資料（インタビューや作品、実践資料など）に基づいて判定する作業であると言える。しかも評価主体には被評価者自身も含まれており、自己評価や相互評価もおこなうところが「査定」と異なる点である。目標達成度の判定結果について、どこがうまくいったのか、あるいはうまくいかなかったのか、双方の原因は何であったか、目標設定は適切であったか、などを詳細に分析して次の目標を立てるという一連の過程が評価なのである。[*17]

　そして、学校評価の目的は何かと言えば、それは教師の成長を促し、学校が抱えた種々の問題を解決することである。そして、各学校独自の学校組織文化を育てていくための作業にほかならない。いじめと体罰でいえば、いずれもすべてなくすことを目標にするというよりも、学校組織に潜む暴力性の根である限りは、少しでも芽が出たら早く摘み取る努力を怠らず、決して暴力化させないこと。そのことを通じて加害者も、また周囲で黙認した者たちも自らの弱さに気づくこと。さらにそれを克服する取り組みを推進してエンパワーメントを達成すること。それらが学校組織の現実に沿った姿勢と言うべきだろう。それこそ、各学校の全構成員の協働性に基づく学校組織文化全体が問われてくる。

学校評価というと、個人ごとの「教員評価」が核になると受け止められがちである。しかし、これまで「荒れた学校」が再生を果たした多くのケースでは【事案10】と【事案11】に典型的に見られるように、教師すべてが協働して問題に立ち向かったことで成果を上げてきた。その場合に教員評価はどうなるだろうか。教員の資質・能力を高めるための教員評価が単なる個人の「査定」になってしまえば、教師集団の協働関係が断ち切られるかもしれず、そうなると学校教育全体の質を低めるという皮肉な結果にならないとも限らない。

評価は人の絆を強めることもあれば、逆に切り裂く場合すらある。だとするなら、絆を強くする評価をこそ探究すべきだろう。そうすると、学校評価とは、教師の成長発達を促し、子どもと保護者の成長発達をもたらせるような学校環境をいかに創造するかという

「学校づくり」の課題となる。学校評議員をはじめ学校運営協議会といった、外部の者が学校に意見を述べるという学校評価に関わる新たな機会も制度化された。「学校と暴力」に関する外部の監視も厳しくなっている。その際に注意すべきは、教員評価と同じく学校「査定」ではなく、学校「評価」による「学校づくり」を地域全体で目指すべきだということである。

最後に、本書の主題である攻撃性と暴力の問題に立ち返りたい。

毎年のように小学校で児童たちが上級学年に進級し、卒業した新しい生徒たちが中学校に入学してくる。子ども時代に十分な外遊びも地域仲間でのさまざまな友人関係もあまり経験しない現代の子どもたちは、攻撃性を統制するすべも身につけないで集団生活を送ることになる。かれらは何がいじめであるかさえ分かっていない場合が多い。そうした子どもたちに対応する教師集団も毎年のように新採教員が入ってくるが、かれらは頭で体罰がいけないとは知っていても、つい権力関係に依存することもありうる。混乱した現場を早期に回復させるには、時間も労力もいらず、力で押さえるのが簡単であり、秩序を保つためには即効性を発揮するからである。

しかし、その効果に味をしめて、力で押さえ続けるならば、子どもたちの攻撃性は悪性に転化し、暴発することにもなる。これまで私たちは何度もそうした経験を繰り返してきた。それを繰り返すことのないような学校組織文化を目指して、教師と子ども、保護者が協働する「学校づくり」を推進すること、そのための学校評価を工夫すること、それが今後の実践課題であり、同時に学校臨床社会学の研究課題でもある。

おわりに

私がいじめ問題について初めて文章を書いたのは『いじめ問題の発生・展開と今後の課題――25年を総括する』（黎明書房、二〇〇五年、〔増補版〕二〇〇七年）である。その後、「中学校のいじめ防止」（『学校臨床社会学――教育問題の解明と解決のために』新曜社、二〇一二年所収）で具体的実践事例も報告した。他方、体罰問題について初めての文章をまとめたのは「「体罰は必要だ」――隠された大人の自己愛と支配欲」（今津孝次郎・樋田大二郎編著『教育言説をどう読むか――教育を語ることばのしくみとはたらき』新曜社、一九九七年所収）である。

そして、子どもの攻撃性について初めてエッセイを綴ったのは「子どもたちの攻撃性①～⑤」『中日新聞』（一九九八年二月一六日～三月二三日朝刊に連載）であり、それを論文スタイルで再構成したのが「子どもの攻撃性を強める大人と社会」『児童心理』（臨時増刊3

43号、金子書房、二〇〇六年六月号）である。

振り返ると、私は一九九七年から現在まで一五年以上にわたって、体罰・いじめ・攻撃性の問題にこだわってきたことに改めて気づく。ただ、これら三つの問題はそれぞれ別個に取り扱っていて、総合的に捉えたものではなかった。それが急に「学校と暴力」という問題意識の下で総合するきっかけとなったのが、二〇一二年から二〇一三年にかけて相次いで起こった大津市中学校事件【事案1】と大阪市高校事件【事案2】であった。

大きな社会問題となった二つの事件をめぐって、日頃から交流している新聞や雑誌、出版に携わる記者や編集者の方々と、それぞれ個別に意見交換をする機会がこの二年間続いた。日頃から全国の学校教育問題に大きな関心を寄せつつ、現状に憂慮の念を抱いている方々ばかりである。それぞれ直接会って話し合ったり、メールで議論のやり取りをするうちに、記者や編集者たちからさまざまな問いが研究者である私に投げかけられていると感じた。それらの問いを検討しているうちに私自身の考えが少しずつ深められ、しだいに一つの形に近づいていき、本書に結実する結果となった。これまでさまざまな刺激を与えていただき、本書の執筆を導いてくださることになった方々のお名前を挙げてお礼申し上げたい。氏岡真弓、吉田瑠里、西岡利延子、二井豪、山川良子のみなさんである。

平凡社新書編集部の菅原悠さんが二〇一四年三月にわが研究室に来られたとき、私が「いじめ・体罰問題に関する基礎知識を総まとめしたいのです。その際に問題の奥底に潜む「学校と暴力」を洗い出し、そこから問題を深く解明して解決策を再考したいのです」と内容の概略を話したら、「それなら「学校と暴力」を主題にして「いじめ・体罰問題の本質」を副題にしましょう」との即答が返ってきた。私は当初「いじめ・体罰問題」を主題に用い、「学校と暴力」は副題くらいでとしか思っていなかったので、急に背中を強く押された気がした。「学校と暴力」を主題にするという全体の骨組みが確定したおかげで、その後の原稿執筆は一気に進んだ。菅原さんのおかげである。そしていつもながら、少しでも読みやすい文章になるように最初の草稿をチェックしてくれたのは妻とし子である。

私の専攻は教育社会学であるが、教育社会学の守備範囲はきわめて広く、研究方法も多様である。二〇〇八年の夏、半年後に迫った名古屋大学最終講義のテーマを思案しているうちに浮かび上がったのが「学校臨床社会学の構想」であった。三〇年以上にわたって小学校から高校までさまざまな学校を直接訪問するなかで率直に感じ考えたことを理論的にも実証的にも体系化したいという着想である。一般に知られている「臨床心理学」とは異なり、個人の心理問題として現れる現象について、個人を取り巻く組織環境や社会環境の視点から検討するとともに、個人のメンタルヘルスの回復というよりも、組織文化の変革や政策提言をおこなうという「臨床社会学」の手法を学校問題に適用するのが新しい「学校臨床社会学」である。個別学校のフィールド調査を踏まえた、この種の研究をもっと盛んにしないと学校問題の本当の解決はできない、との想いが私のなかで高まっていた。

二〇〇九年二月に最終講義を終えたあと、追加の学校フィールド調査をしながら講義ノートに大幅に加筆して『学校臨床社会学——教育問題の解明と解決のために』（新曜社、二〇一二年四月）をまとめた。そして、並行しながら各地で集めていた教師たちの語りに基づいて書いた『教師が育つ条件』（岩波新書、二〇一二年一一月）もその七カ月後に出版した。それから二年近くを経て上梓する本書は、具体的な教育問題について個々の学校組織や学校を取り囲む環境面から接近するという基本視角に立つ点で、両著作と問題意識を共有している。期せずして、これら三冊は私なりの学校臨床社会学研究の三部作を成すことになった。

なお、一般の新書判では巻末に参考文献一覧はあっても、詳細な文献引用注を掲げるのはあまり例がない。本書であえて掲げた理由は、いじめ・体罰問題の「基礎知識」の確認に役立てばということだけでなく、問題の奥深さゆえに、関連する箇所をさらに幅広く、より深く読者に探究していただく手引きになればという趣旨である。本書はこれら先行研究の成果に多くを負っている。本文中で引用させていただいた方々の敬称を略させていただいた失礼をお許し願いたい。

本書によって、いじめ・体罰問題に関して錯綜し混乱していた諸議論が整理しやすくなり、「解決のためには、ことばの使い方や問題の立て方、さらには学校に対する基本的な見方を根本から捉え直す必要がある」と少しでも感じていただけたら、本書の意図は果たせられたことになり、著者としてこれほど嬉しいことはない。

二〇一四年九月

今津孝次郎

注と文献

はじめに

＊1　君和田和一『いじめ・体罰――家庭と学校』（シリーズ・なくそう！　いじめ・体罰⑤）あけび書房、一九八六年、「ひと」編集委員会編『いじめと体罰』太郎次郎社、一九八九年、今橋盛勝『いじめ・体罰と父母の教育権』（岩波ブックレットNo.191）岩波書店、一九九一年など。

＊2　『朝日新聞』（名古屋版）二〇一四年八月二一日。

＊3　教育に関する議論には、一定のことばや決まり切った論述の型が含まれていて、それらによって議論が暗黙のうちに左右されることが多い。この点に注目するのが「教育言説」論である。私は共同研究仲間と一九九〇年代以降、この「教育言説」について検討を重ねてきた。その成果が今津孝次郎・樋田大二郎編著『教育言説をどう読むか』新曜社（正編一九九七年、続編二〇一〇年）である。いじめについては正編と続編で取り上げ、体罰については正編で論じている。

＊4　今津孝次郎『教師が育つ条件』岩波新書、二〇一二年、第一章。

I　いじめ問題を見直す

＊1　詳細は今津孝次郎『増補　いじめ問題の発生・展開と今後の課題――25年を総括する』黎明書房、二〇〇七年、序章「イギリスでいじめ問題を考える」参照。

＊2　いじめ問題初期の代表的な著作として、冨田武忠編『いじめられっ子』講談社、一九八〇年、がある。編者は全日本中学校長会会長で、現場の教師たちが事例を持ち寄って検討を重ね「いじめられっ子たちの悲痛な叫び」に着目し「いじめられっ子を抱えて悩む父母」に向けて書かれた。いじめっ子といじめられっ子の双方をできるだけ客観的に眺めようとしているが、全体としては「いじめられっ子」に育てないようにするにはどのような家庭教育をすべきかに力点がある。

＊3　Dan Olweus, *Bullying at School: What we know and what we can do*, Blackwell Publishers, 1993. 傍点は原文斜体。翻訳は、松井賚夫・角山剛・都築幸恵共訳『いじめ　こうすれば防げる――ノルウェーにおける成功例』川島書店、一九九五年、二〇頁、二八〜二九頁による。

＊4　森田洋司総監修『世界のいじめ――各国の現状と取り組み』金子書房、一九九八、英語版はP. K.Smith, Y.Morita, J.Junger-Tas, D.Olweus, and P.Slee (eds.) *The Nature of School Bullying: A Cross-National Perspective*, Routledge, 1999. 森田洋司監修『いじめの国際比較研究』金子書房、二〇〇一年。

＊5　Ken Rigby, *Bullying in Schools: And what to do about it*, JKP, 1997.

＊6　Department for Education, *Bullying: Don't suffer in silence-An anti bullying pack for schools*, 1994. この手引き書は、一九九七年夏に帰国すると、ちょうど翻訳が二種類刊行されていた。イギリス教育省編、佐々木保行監訳『いじめ――一人で悩まないで』教育開発研究所、一九九六年。イギリス教育省編、池弘子・香川知晶訳『いじめ、ひとりで苦しまないで―学校のためのいじめ防止マニュアル―イギリス教育省の試み』東信堂、一九九六年。

＊7　小中陽太郎「「ぼくは自殺します」――ある中学生の場合」『世界』岩波書店、一九八〇年五月号。金賛汀『ぼく、もう我慢できないよ――ある「いじめられっ子」の自殺』（正続）一光社、一九八〇年（講談社文庫版、一九八九年）。NHK総合テレビ「ルポルタージュにっぽん――壁とよばれた少年」一九八〇年五月二四日放送。
＊8　『中日新聞』二〇一一年八月五日付。
＊9　一九八〇年代以降のいじめ問題の経緯については、いじめ件数やその社会問題化の程度などから、以下の論者も同じような時期区分をしているが、本書の区分はいじめ問題への「まなざし」の変化に視点を置いている。森田洋司『いじめとは何か――教室の問題、社会の問題』中公新書、二〇一〇年、第二章。尾木直樹『いじめ問題をどう克服するか』岩波新書、二〇一三年、第一章。
＊10　今津孝次郎『増補 いじめ問題の発生・展開と今後の課題――25年を総括する』（前出）、ii頁。
＊11　大津市中学校事件の詳しいドキュメントについては、共同通信大阪社会部『大津中二いじめ自殺――学校はなぜ目を背けたのか』PHP新書、二〇一三年。
＊12　「いじめ防止法」に関する詳しい解説については、坂田仰編『いじめ防止対策推進法――全条文と解説』学事出版、二〇一三年。
＊13　文科省「平成24年度 児童生徒の問題行動等生徒指導上の諸問題に関する調査」http://www.mext.go.jp/b_menu/houdou/25/12/1341728.htm
＊14　今津孝次郎『教師が育つ条件』（前出）、一三～一四頁。
＊15　文科省「平成24年度 児童生徒の問題行動等生徒指導上の諸問題に関する調査」（前出）

＊16　森田洋司・清永賢二『新訂版　いじめ――教室の病い』金子書房、一九九四年（初版一九八六年）。
＊17　Kowalski, R.M., Limber, S.P. and Agatston, P.W., *Cyber Bullying: Bullying in the Digital Age*, Blackwell, 2008
＊18　二〇一四年四月に、私が勤務する愛知東邦大学の「教育学概論」講義のなかで、二年生男女学生六〇人余りに子どもの頃（二〇〇〇年代前半）の悪態語を書き出してもらうと、「死ね！」が一貫して使われており、その他「デブ、バカ、来るな、触らないで、（その子の名＋）菌」などが挙げられた。悪態語を使わず「無視すること」もたびたびあったとの回答もあった。やはり差別に似て、見下げ排除する作用を悪態語に見てとれる。
＊19　今津孝次郎『増補　いじめ問題の発生・展開と今後の課題――25年を総括する』〔前出〕、一七九頁。
＊20　今津孝次郎監修・著、金城学院中学校高等学校編著『先生・保護者のためのケータイ・スマホ・ネット教育のすすめ』学事出版、二〇一三年、今津孝次郎監修、金城学院中学校高等学校編著『中高生のためのケータイ・スマホハンドブック』学事出版、二〇一三年、参照。
＊21　今津孝次郎『教師が育つ条件』〔前出〕、「まえがき」参照。

Ⅱ　体罰問題を見直す

＊1　今津孝次郎「「体罰は必要だ」――隠された大人の自己愛と支配欲」今津孝次郎・樋田大二郎編『教育言説をどう読むか――教育を語ることばのしくみとはたらき』（正編）新曜社、一九九七年、第九章。

＊2　日本の近世から近代にかけての体罰の歴史については、江森一郎『新装版　体罰の社会史』新曜社、二〇一三年（初版一九八九年）に詳しい。
＊3　沖原豊『体罰』第一法規出版、一九八〇年、第五章。
＊4　市川須美子他編『教育小六法　平成二五年版』学陽書房、二〇一三年、「学校教育法」第一一条「行政実例」。
＊5　麻生信子『私たちは、なぜ子どもを殴っていたのか。』太郎次郎社、一九八八年、第四章。
＊6　文科省のまとめによると、二〇一二年度に体罰をして懲戒処分や訓告などを受けた公立小中高校などの教員は、過去最多の二二五三人にのぼり、二〇一一年度の五・六倍になった。大阪市の高校であった体罰事件を契機に実態把握が進んだと見られる（『朝日新聞』二〇一三年一二月一八日）。
＊7　布川学而『教師の生態』産学社（中内敏夫「「愛の鞭」の心性史」、中内敏夫・長島信弘他『社会規範――タブーと褒賞』藤原書店、一九九五年、二五五頁より再引用）。
＊8　一九九六年二月二〇日〜三月二三日の『朝日新聞』（名古屋版）事件関連記事より再構成（今津孝次郎「「体罰は必要だ」――隠された大人の自己愛と支配欲」〔前出〕第一節に収録）。
＊9　今津孝次郎『教師が育つ条件』〔前出〕、一六一頁。
＊10　本村清人・三好仁司編著『体罰ゼロの学校づくり』ぎょうせい、二〇一三年、一〇四〜一〇八頁。
＊11　「しつけ」柳田国男監修『民俗学辞典』東京堂出版、一九五一年、二六〇〜二六一頁。
＊12　「最高裁・日弁連・新判例ＵＲＬ」http:www.lawyer-koga.jp/hanrei.htm、「体罰判例ＵＲＬ」http://d.hatena.ne.jp/mu4neta/20130110、より再構成。

＊13　なだいなだ『権威と権力――いうことをきかせる原理・きく原理』岩波新書、一九七四年。
＊14　今津孝次郎『人生時間割の社会学』世界思想社、二〇〇八年、一四九頁。
＊15　アリス・ミラー『魂の殺人――親は子どもに何をしたか』山下公子訳、新装版、新曜社、二〇一三年、一三頁（初版一九八三年）。
＊16　同書、一一五頁。
＊17　同書「アドルフ・ヒットラーの子ども時代」、一八五～二五八頁。
＊18　同書、二一九頁。
＊19　今津孝次郎『学校臨床社会学――教育問題の解明と解決のために』新曜社、二〇一二年、七六～七八頁。
＊20　日本青少年研究所『高校生の心と体の健康に関する調査報告書――日本・米国・中国・韓国の比較』二〇一一年。
＊21　大貫隆志編著『指導死――追いつめられ、死を選んだ七人の子どもたち。』高文研、二〇一三年、「はじめに――指導死とは」。
＊22　同書、九四～一一四頁より再構成。
＊23　豊田ひさき『はらっぱ教室――峰地光重の生活綴方』風媒社、二〇一四年、七二～七五頁。
＊24　同書、七五頁。

Ⅲ　「学校と暴力」を考える

＊1　文部省『文部統計要覧』平成九年版、大蔵省印刷局、一九九七年。

＊2　川上敬二『校内暴力の克服——絶望から希望へ』民衆社、一九八三年、一八四〜一八五頁。

＊3　エーリッヒ・フロム『破壊——人間性の解剖』〔上・下〕作田啓一・佐野哲郎訳、紀伊國屋書店、一九七五年（上巻は「良性の攻撃」を、上巻の最後の部分と下巻は「悪性の攻撃」を扱っている）。

＊4　アンソニー・ストー『人間の攻撃心』高橋哲郎訳、晶文社、一九七三年、七六〜七七頁。

＊5　細井啓子『ナルシシズム——自分を愛するって悪いこと？』サイエンス社、二〇〇〇年、一七一〜一七二頁。

＊6　湯川進太郎「メディア暴力と攻撃性」山崎勝之・島井哲志編『攻撃性の行動科学』〔発達・教育編〕ナカニシヤ出版、二〇〇二年。

＊7　丸山恭司「教育現場の暴力性と学習者の他者性」『岩波　応用倫理学講義6　教育』岩波書店、二〇〇五年、一一六〜一三一頁。

＊8　今津孝次郎『学校臨床社会学——教育問題の解明と解決のために』〔前出〕第Ⅰ部。

＊9　Troman, G. & Woods, P. *Primary Teachers' Stress*, Routledge Falmer, 2001.

＊10　山本修司編『体罰と訣別する毅然とした指導4——危機的状況を克服した教師たちの実践』教育開発研究所、二〇一三年、一六六〜一六九頁の実践事例より一部再構成。二〇〇七年から刊行が始まった「毅然とした指導」シリーズの第四冊。実際にあった事案の記録としては事実経過の表記に修飾が加えられているが、二〇〇〇年代以降の事案と思われる。

*11 エミール・デュルケム『道徳教育論』麻生誠・山村健訳、講談社学術文庫、二〇一〇年、二七二頁。
*12 村上陽一郎『安全学』青土社、一九九八年。
*13 村上陽一郎『安全と安心の科学』集英社新書、二〇〇五年。
*14 ウルリヒ・ベック『危険社会——新しい近代への道』東廉・伊藤美登里訳、法政大学出版局、一九九八年。
*15 OECD編『学校の安全と危機管理——世界の事例と教訓に学ぶ』立田慶裕監訳、明石書店、二〇〇五年。
*16 今津孝次郎『教師が育つ条件』〔前出〕、七四〜七五頁。
*17 同書、第五章。

【著者】
今津孝次郎（いまづ こうじろう）
1946年徳島県生まれ。京都大学大学院教育学研究科博士課程満期退学。博士（教育学、名古屋大学）。専攻は教育社会学、学校臨床社会学、発達社会学。名古屋大学名誉教授。現在、愛知東邦大学教授。著書に『変動社会の教師教育』（名古屋大学出版会）、『増補 いじめ問題の発生・展開と今後の課題』（黎明書房）、『教員免許更新制を問う』（岩波ブックレット）、『学校臨床社会学』（新曜社）、『教師が育つ条件』（岩波新書）、『教育言説をどう読むか（正・続）』（共編著、新曜社）などがある。

平 凡 社 新 書 7 5 3

学校と暴力
いじめ・体罰問題の本質

発行日——2014年10月15日　初版第1刷

著者———今津孝次郎
発行者——西田裕一
発行所——株式会社平凡社
東京都千代田区神田神保町3-29　〒101-0051
電話　東京（03）3230-6580［編集］
東京（03）3230-6572［営業］
振替　00180-0-29639
印刷・製本—株式会社東京印書館
装幀———菊地信義

ISBN978-4-582-85753-5
NDC分類番号371.42　新書判（17.2cm）　総ページ240
平凡社ホームページ　http://www.heibonsha.co.jp/